KB269903

어쩔 수 없는 **숙명**이라는 말은
무신론자나 하는 말입니다

어쩔 수 없는 **숙명**이라는 말은
무신론자나 하는 말입니다

정치인들이 현역으로 있으면서 출간하는 책들은 유권자들을 염두에 둔 선거용 내지 정치경륜 설파용인 경우가 허다하다. 한국의 경우가 특히 그러하다. 여기에 소개하는 책은 어느 독일 정치인의 신앙고백적 간증의 모음이다. 성서묵상의 형태로, 평신도 설교자의 고백이라는 형태로, 기독교 신앙을 지닌 한 정치인의 신앙적 정치고백의 형태로 꾸며진 생생한 고백록의 모음이다.

요하네스 라우는 독일 목회자 가정에서 태어나 대학은 못 갔지만 기독교서적 출판사 직원으로 출발하여 많은 책을 읽었고, 현실정치에 뛰어들어 독일연방공화국 대통령(1999-2004)으로 봉직한 후, 2년 뒤인 2006년 1월 7일 75세로 하나님의 품으로 떠났다. 추천의 글을 쓰는 필자 자신도 1970년대 중반부터 1980년대 중반에 독일 교회의 협동 선교사로서 독일 교회를 섬기며, 독일 교회의 전통에 따라 독일 정당들의 전당대회에 초청받아 정치인들과 정치의 기독교적 가치관에 관해 토론하고 배우고 친교하는 기회를 여러 번 누릴 수 있었다. 라우 대통령이 소속한 사회민주당 전

당대회에서 당시 노르트라인-베스트팔렌 주지사 신분이었던 그분을 만났던 일이 눈에 선하다. 기독교 장로 신분으로 성실한 교회지도자이면서 동시에 정치 지도자였던 분들 가운데 사람들이 좋아하고 존경했던 분이라면 리하르트 폰 바이체커 대통령(기민당)과 요하네스 라우 대통령(사민당)을 뽑을 것이다. 바이체커 대통령이 독일 통일을 이끈 정치 지도자였다면, 라우 대통령은 통일 이후의 사회 통합을 이끈 지도자였다고 할 수 있다. 전자가 독일의 엘리트 귀족 가운데서 나온, 논리적이고 해박한 지성을 가진 기독교 정치인이라면, 후자는 독일의 서민 계층에 속한, 소박하고 따뜻한 가슴을 지닌 기독교 정치인이라 할 수 있다.

라우 대통령은 독일 산업화의 심장부인 루르 지방 출신이다. 그리고 루르 지방의 광역자치주인 노르트라인-베스트팔렌에서 20년이 넘게 주지사로 지낸 바 있다.

이 책을 읽으실 때 독자들이 저자의 신앙적, 문화적, 정치적 배경을 염두에 두면 큰 도움이 되리라 믿는다. 라우는 1931년 부퍼탈-바르멘에서 출생했다. 히틀러의 나치가 기승을 부리면서 유태인 압살을 꾀하며 독일 사회를 전체주의로 몰고 갈 때 독일 교회 대부분은 친 나치 전위대에 고개를 숙였지만, '고백교회'라 자칭한 소수의 성도들은 분연히 일어나 순교를 불사하며 참 복음의 깃발을 세웠다. 1933년 바르멘에서 모인 고백교회 대표들이 바르트와 본회퍼를 선두로 하여 '바르멘 신학선언'을 내고 참 진리를 위해 결연히 나선 것은 정치사와 교회사에 길이 남을 일이다. 이 지역의 신앙적, 정신적 근간이 라우 대통령의 머리와 가슴에 깊이 박히고 커다란 나무로 성장했음을 기억하면 좋을 것이다.

또 하나 중요한 사실이 있다. 라우 대통령이 행한 간증이나 설교와 논설을 보면 거의가 바울 서신의 본문을 즐겨 택했고, 특히 루터가 종교개혁을 주도하면서 "개신교는 로마서의 기독교이다"라고 선언했던 대로 라우도 로마서를 자기 신앙의 틀로 굳건히 세웠음을 볼 수 있다. 라우는 '믿음으로 의롭다 함을 받는' 은총을 강조한다. 루터가 의롭다 함의 원천인 '믿음'을 강조하여 종교개혁 신학의 푯대로 삼았다면, 라우는 이를 이어받아 믿음의 결실인 '의롭다 함'을 정치와 사회 현장에서 꿈꾸고 이를 실현하려고 혼신의 힘을 기울였다. 성경 말씀에 충실한 기독교적 신념의 정치를 구현해보려는 의지가 곳곳에서 살아 움직인다.

하나님의 의(義)와 인간 세계의 정치사회 현실이 갈등할 때 라우는 하나님의 의 편에 서는 과감한 정치적 결단을 해보려고 노력했다는 고백적 간증을 엿볼 수 있어 신선하고 상쾌하다. 신앙을 정치에 이용하기보다는 정치를 하나님의 의에 근접하게 이끌어가려는 노력이 돋보인다. 참 성실한 하나님의 일꾼이다.

독일 교회는 가톨릭과 개신교가 매년 번갈아가며, 그러니까 2년마다 전 교회 모든 교인들이 동참하는 신앙·선교·부흥집회를 여는 전통이 있다. 가톨릭 신자들이 대개 열흘 정도 여는 집회(Katholischer Kirchentag)가 있고, 개신교인들이 같은 날수만큼 모이는 집회(Evangelischer Kirchentag)가 있다. 이것들이 상설기구

화되어 2년 동안 준비하고 대회를 연다. 바이체커 대통령은 물론 라우 대통령은 이 개신교 교회대회의 의장단의 일원으로 각기 봉 직하면서 기독교에도 큰 공헌을 했다. 이 양 대회에서 제기되고 논의되고 선언되는 것들이 독일 교회는 물론 사회 전반에 걸쳐서 도덕과 윤리의 큰 흐름을 가늠하고 인도해주는 역할을 한다는 점 에서 아주 중요한 집회라 할 것이다. 전국대회가 있는가 하면 지 역별 대회도 동시에 열리고 있음을 알아주기 바란다.

진솔하지만 쉽지만은 않은 라우 대통령의 연설·설교·묵상집 을 유려하게 우리말로 옮긴 번역자의 수고에 감사드린다. 그리고 출판사의 귀한 뜻에 감사드린다.

복음에 맞추어 성실하게 살려고 노력한 개신교 장로, 복음의 빛에 비추어 진정한 정치를 펼쳐보려 애쓴 신앙의 정치인, 오랫동 안 노총각으로 지내다가 늦깎이로 결혼하여 가정의 행복을 늘 맛 보며 살고 있다며 중·노년기의 기쁨을 말하곤 했던 라우가 하나 님의 품속에서 영원한 평화와 안식을 누리기를 기원한다.

박종화 목사(경동교회)

독일의 정치가 가운데 요하네스 라우만큼 많은 설교를 남긴 사람은 없습니다. 그가 한 차례라도 성경을 강론하지 않은 독일 개신교 교회대회(Kirchentag)[01]가 전혀 없을 정도입니다. 이 책에 모아놓은 1950~1960년대의 몇몇 기도들은 노이키르헌 일력(日曆)의 조그만 형제인 '노이키르헌의 죽마고우(Neukirchener Jugendfreund)'[02]에서 가져온 것들입니다. 라우 대통령의 부인이신 크리스티나 라우 여사[03]가 도와주시지 않았다면 그 기도들을 모으지 못했을 것입니다. 이 책이 나올 수 있도록 도와주신 라우 여사께 충심으로 감사를 드립니다.

이 책의 설교들은 지난 50년에 걸쳐 이뤄진 그의 설교 가운데서 옥석만을 선별하여 모은 것입니다. 50년 동안 계속하여 설교하는 것은 목회자들 사이에서도 흔치 않은 일입니다. 더욱이 그 일상이 구원의 문제가 아니라 국민의 복리와 연관되어 있는 정치가 중에서는 그러한 사례가 여태껏 한 번도 없었습니다.

"소망이 있는 사람은 행할 수 있습니다!" 라우 대통령은 한 설교에서 이렇게 외칩니다. 그가 이해한 대로, 믿음은 기도와 행동을 마주 보게 하는 것입니다. 그리스도인 공동체는 사회 전체를 이롭게 하는 행위를 지향합니다. 라우 대통령은 그런 행위가 그리스도인 공동체 안에서 고갈되는 것이 아니라, 도리어 하나님이 임하시는 가운데 충만히 이루어진다고 늘 강조하였습니다. 그의 설교는 그리스도가 생각하셨던 바를 그대로 증언합니다. 이 증언들은 다시 오실 하나님에 대한 견고한 신뢰와, 이 세상을 바꿔가려고 준비하는 마음에 그 닻을 내리고 있습니다.

요하네스 라우 대통령은 즐거움을 주는 사람이었습니다. 이미 그의 부친은, 웃으면서 지하의 포도주 저장실로 내려간 그리스도인들이 거기에서는 울음을 터뜨리는 것을 발견한 사람이었습니다.[04] 라우 대통령의 설교에서는 그 유머의 모습이 다양하게 흘러나오고 있습니다. 그에게 각인된 그 유머는 설교 원고의 일부가 되는 데 그치지 않고 그의 신앙을 구성하는 한 부분이 되었습니다. 그렇기에 사람들은 라우 대통령의 설교를 '즐거움을 북돋워주는 것'으로 이해했습니다.

정치가의 설교라 하여 자연히 정치적 설교가 되는 것도 아니요, 그렇다고 정파적 설교가 되는 것도 아닙니다. 반대로 그 설교들이 진허 비정치적 설교인 것도 아닙니다. 요하네스 라우 대통령의 설교에서는 이런 정치적 설교와 비정치적 설교의 구분을 특별한 방식으로 인식할 수 있습니다. 그의 설교들을 곰곰이 새기며 읽어본다면, 그 말씀을 듣는 사람이나 그 말씀을 실천으로 옮기는 사람이나 모두 유익을 얻을 것입니다.

마티아스 슈라이버

| 주 |

01. 독일 교회의 지체들이 모여 정치, 경제, 사회, 문화와 관련된 일들을 놓고, 그 일
들을 성경에 비추어 어떻게 해석할 것이며 교회와 그리스도인은 어떻게 대처할
것인가를 논의하는 자리다. 이 대회의 의장 역시 평신도가 맡는다. 라우 대통령
도 이 의장을 역임하였다.

02. '노이키르헌의 죽마고우'는 독일의 개신교 신학자인 칼 임머(1888-1944)가 엮
은 달력으로서 매일 한 장씩 뜯어내는 일력(日曆) 형태로 되어 있다. 달력 안에는
매일 읽고 새겨야 할 성경 말씀들이 들어 있었다.

03. 1956년에 기업가인 아버지와 독일연방공화국 대통령을 역임한 구스타프 하이
네만 박사의 딸인 어머니 사이에서 태어났다. 1982년에 25세 위인 라우 대통령
과 혼인하여 1남 2녀를 두었다.

04. 겉은 웃고 있으나 속에는 슬픔이 가득한 그리스도인의 현실을 꿰뚫어보았다는
말. 대개 지하에 있는 포도주 저장실은 감춰진 마음이 드러나기에 적합한 공간이
었다.

근자에 들어 한국 교회와 그리스도인들은 십자포화를 맞고 있습니다. 여러 가지 이유가 있겠지만, 수많은 한국 교회와 그리스도인들이 어둠에 빠진 한국 사회를 밝혀주고 부패를 방지하는 소금이 되기는커녕, 오히려 그 어둠과 부패의 원인을 제공하는 데 큰 몫을 하고 있다는 점이 한 이유라고 할 수 있겠습니다. 한국 그리스도인들의 신앙은 입과 삶이 별개라는 조소가 설득력을 얻고 있습니다. 너무나 가슴 아픈 상황입니다. 이렇듯 현실의 어둠이 깊다 보니, 사람들은 정말 그리스도인다운 사람의 모습을 보고 싶어합니다. 그러나 그런 사람을 찾으려면, 아테네에서 등불을 켜고 정의로운 사람을 찾아다녔던 디오게네스처럼, 우리 역시 등불을 켜고 어두운 거리를 이리저리 헤매야 할지도 모르겠습니다. 하지만 요하네스 라우야말로 어쩌면 우리가 찾고 있는 바로 그런 사람이 아닐까 하는 생각이 듭니다.

요하네스 라우 대통령은 우리에게 다소 생소한 인물입니다. 1931년에 태어나 2006년에 세상을 떠난 라우 대통령은 독일의 9년

제 인문 고등학교인 김나지움을 졸업한 후 출판업에 종사하다가 정치에 뛰어들어 마침내 통일 독일의 대통령까지 된 사람입니다. 그는 특별히 대학을 나오지도 않았고 신학을 전공한 사람도 아니지만 그의 신학과 설교는 독일 교회와 사회에 큰 영향을 끼쳤습니다. 독일에서는 1949년부터 교회 평신도들이 모여 정치, 경제, 사회, 문화 등과 관련된 특정 문제를 놓고 교회와 그리스도인들이 그 문제를 어떻게 해석하며 풀어가야 할지 논의하는 교회대회를 열어왔습니다. 그 자리에는 많은 평신도 지도자들이 참석하여 토론과 성경 연구를 통해, 선정된 주제의 결론을 모색하고 행동 방향을 결정합니다. 그들은 그 방향을 하나님께 드리는 신앙고백으로 여기며 실천의 장으로 옮겨갑니다. 라우 대통령은 이 대회 의장을 맡아 그리스도인들이 이 땅에서 어떤 삶을 살아야 하는가를 논의하는 자리를 주도하기도 하였습니다. 이 때문에 독일 개신교회는 그 공로를 기려 한스 큉이나 에버하르트 융엘 같은 거학들이 받았던 칼 바르트 상을 이 정치가에게 수여하였습니다. 더욱이 그는 그 자신이 나치에 항거하였던 독일 고백교회의 후예임에도 불구하고, 2000년에 독일 대통령으로서는 처음으로 이스라엘 국회인 크네세트를 방문, 독일이 유대인에게 저지른 죄악을 참회하며 용서를 구하는 연설을 하여 독일 과거사 청산에 한 이정표를 세우기도 하였습니다. 그러나 그 무엇보다도 성경의 가르침을 현실 세계에서 그대로 구현하고자 노력한 인물이라는 점에서 라우 대통령은 우리에게 큰 도전을 던져줍니다. '독일의 수도사' 라는 그의 별명이 말해주듯이, 그는 온갖 비리와 불신이 판치는 현실 속에서 성경의 가르침을 따라 살려 했고, 산상설교의 가르침을 정치 현장에서 그대로 이루어보려고 애썼습니다.

라우 대통령의 설교는 독특한 면모를 갖고 있습니다. 얼핏 보면 설교라기보다 풍부한 지식과 삶의 현실을 꿰뚫어보는 통찰과 호소력 있는 설득이 어우러진 한 편의 시론(時論) 같습니다. 그러나 저는 그의 설교 속에서 "한 손에 성경을, 한 손에 신문을!"이라고 말했던 칼 바르트의 명제와, 불의에 맞서 싸웠던 독일 고백교회의 정신이 짙게 배어 나옴을 느낍니다. 그는 성경 말씀이라는 렌즈로 온갖 부조리와 불의가 난무하는 사회 현실을 비춰보고, 그 앞에서 침묵하려는 교회와 그리스도인들의 무책임한 태도를 질타합니다. 그의 설교는 성경을 깊이 상고하던 베뢰아 사람들의 모습(행 17:11)을 비춰줍니다. 탐욕과 이기심에 전 사람들의 모습을 질타하는 그의 설교는, 탐심이 넘쳐 온갖 악행을 저지르는 이들을 질타하는 이사야의 음성(사 5:8-9)을 들려주고, 이민자들을 긍휼히 여기는 그의 마음은, 거류민을 학대하지 말고 자기같이 사랑하라는 하나님의 말씀(레 19:33-34)을 들려줍니다. 하나님이 세우신 권세에 복종하라는 말씀의 참뜻을 놀랍게 깨우쳐주는 그의 설교는 이웃을 사랑하라는 말씀이 어떤 정치 이성, 어떤 시민 이성으로 나타나야 하는가를 우리, 특히 정치 이성, 시민 이성이 박약한 우리나라의 그리스도인들에게 일깨워줍니다. 끝없는 증오에 사로잡혀 냉전과 민족 간의 대결을 추구하기보다 참 평화의 길이 무엇인가를 고민하는 그의 설교는 독일 통일과 세계 평화의 원동력이 무엇인지 되짚어보게 합니다. 독일 대통령은 국민이 직접 뽑지 않고 연방 의회에서 선출합니다. 실제 나랏일을 총괄하는 책임자는 총리이기 때문에, 대통령은 몇 가지 권한을 제외하면 독일을 대표하고 독일 국민을 상징하는 인물일 뿐입니다. 그러나 라우 대통령은 독일과 서구 사회 그리고 세계가 당면한 문제를 깊이 고민하고 진단하면서, 성경의 가르침에 입각하여 그 해결책을 궁구하려고 노력했기 때문에 국민들로부터 큰 존경을 받았습니다.

라우 대통령의 모습은 그리스도인이 이 세상에서 어떤 모습으로 살아가야 하는가를 시사해줍니다. 겉은 그리스도인인데 그 속은 이 세상의 가치와 구조를 맹종하면서 살아가는 사람들이 너무나 많습니다. 특히 성공과 번영의 복음이 판치고 맘몬과 세상 권세를 앞세우는 한국 교회의 현실, 말로는 이웃 사랑을 외치면서도 가슴 속 깊은 곳에서는 철저히 이기심과 탐욕에 중독되어 있는 한국 그리스도인들의 현실은 우리 심장을 조여들게 만듭니다. 무엇이 복음이며 진리인지 고민하고 그대로 살아가려고 몸부림치는 이들이 우리 사회 곳곳에서 새싹처럼 움터나면 얼마나 좋을까요? 정녕 이 세상 백성이 아니라, 하나님 나라 백성으로서 살아가는 것을 참 영광으로 아는 이들이 대통령이 되고 기업가가 되며 학자가 되고 목회자가 된다면 얼마나 좋을까요? 주님의 인도하심을 힘입어 산상설교의 가르침을 따라 살아보려고 애쓰는 사람들이 이 땅을 뒤덮는다면 얼마나 아름다울까요? 당신이 다시 오실 때

과연 "이 세상에서 믿음을 보겠느냐?" 하고 탄식하시던 예수의 음성이 무겁게만 다가오는 현실입니다.

이 책은 라우 대통령이 서거한 뒤 그를 존경하던 사람이 엮어낸 설교집으로서, 2006년에 독일 핸슬러(Hänssler) 출판사가 *Wer hofft, kann handeln*이라는 제목으로 출간한 것입니다. 압축된 표현과 문장이 많고, 직역할 경우에는 어색한 부분이 제법 있었습니다. 때문에 옮긴이가 문맥을 고려하여 다듬은 부분이 있음을 미리 밝혀둡니다. 그리고 이 설교들이 독일 특유의 상황을 바탕으로 한 것임을 고려하여 독자들이 좀 더 쉽게 이해할 수 있도록 각 설교 뒤에 역주를 붙여놓았습니다. 이 책을 한국에 소개할 수 있도록 기회를 주신 살림출판사에 감사드립니다. 이 책이 진정 한국 교회와 그리스도인들에게 하나님 나라 사람으로 살아간다는 것이 무엇인지 고민하며, 어떤 길이 하나님 나라로 나아가는 것인지 성찰하고 그 결과를 행동으로 옮기도록 만드는 계기가 될 수 있기를 간절히 바랍니다.

2008년 봄

옮긴이 박규태

| 차례 |

| 이 설교를 읽을 때는 |

시간과 여유가 있을 때 읽으십시오.

읽더라도 한 편씩만 읽으시기 바랍니다.

읽은 뒤에는 그 설교를 곰곰이 곱씹어보십시오.

중요한 문장에는 밑줄을 그으십시오.

중요한 단락이 있으면 일기장에 옮겨 적거나 다른 이들에게 보내는 편지에 적어 보내십시오.

어쩌면 여러분은 한 문장 한 문장을 외우게 될지도 모릅니다.

성경 말씀이 등장하면 그 말씀을 여러 차례 읽어보십시오. 설교를 읽는 동안은 물론이고,

설교를 읽고 난 뒤에도 그 말씀을 읽어보십시오.

가능하다면, 한 설교를 가족이나 여러분이 속해 있는 공동체 지체들과 함께 읽으시기 바랍니다.

아르키메데스의 점

1998년에 성경을 상고하며 쓴 글

베르기슈[01] 출신의 목사요 전도자이셨던 제 아버지는 이야기를 좋아하셨습니다. 그 때문에 우리는 번번이 "이야깃거리가 없어지면 아버지는 큰일 나시겠네!"라며 놀려대곤 하였습니다. 그렇지만 세월이 흐르면서 저는 이야기란 것이 마치 섬광 같은 것일 수도 있음을 알게 되었습니다. 순식간에 뭔가를 깨닫게 해주는 그런 섬광 말이지요. 그래서 저는 목사와 랍비 이야기를 늘 하곤 합니다. 그 둘이 어느 회의에 참석했다가 한 방을 함께 써야 하는 처지가 되었습니다. 하룻밤을 묵은 다음날, 그들은 아침 식사 자리에서 만나게 되었습니다.

"제가 어젯밤에 너무 오랫동안 불을 켜놓아서 주무시는 데 방해가 되지 않았을까 싶습니다." 목사가 랍비에게 사과했습니다.

그러자 랍비가 대답했습니다. "별 말씀을 다 하십니다. 전혀 그렇지 않았습니다."

그 말을 듣고 목사는 이렇게 이야기했습니다. "아시겠지만 저는 저녁 때 30분 동안 하나님 말씀을 읽지 않으면 편히 잠들 수가 없어서요.”

목사의 말을 들은 랍비는 이렇게 대답했습니다. “거참, 신기하군요. 저 같으면 저녁 때 30분씩 하나님 말씀을 읽었다간 한숨도 못 잘 겁니다!”

위로와 격동, 이 둘이 한 책에 모두 들어 있습니다. 이 책은 여러 가지 기록을 갖고 있습니다. 세상의 그 어떤 책보다 더 많이 인쇄되고, 더 많이 팔렸으며, 더 많이 번역된 책, 저자만도 100여 명이나 되지만 그 저자 가운데 많은 수는 알려져 있지 않은 책이 바로 이 책입니다. 게다가 이 책은 이름 없는 책들 가운데 하나요, 잘못 해석되고 잘못 사용되는 책들 가운데 하나며, 잘못 이해되는 책들 가운데 하나입니다. 하지만 이 책은 삶의 방향을 잃어버린 자들을 생명력이 있고 깨어 있는 인간으로 만들어주는 책 가운데 하나입니다.

문화사의 관점에서 볼 때 성경의 전성시대는 지나간 것처럼 보입니다. “성경이 없는 집은 진정 음울하고 비참하게 보인다”라는 말이 있었습니다. 하지만 그건 먼 옛날 이야기입니다. “배에 키를 달지 않은 채 바다에 나가지 말며, 지팡이 없이 눈길에 나서지 말라. 기도와 하나님의 말씀이 없다면, 결코 집에서 떠나지 말라.” 이런 일은 오래전의 일상에서나 경험할 수 있었던 일입니다. 지금은 설령 남아 있다 해도 사회의 변두리에서나 일어나는 일일 뿐입니다. “그는 그 시대의 무시무시한 붕괴를 예감하고 자신의 성경책을 꼭 붙든 채 놓지 않는다.” 콘라트 페르디난트 마이어는 새 시

대를 도래케 하고 새 생명을 일깨우려 했던 한 사람을 가리켜 이렇게 설명하였습니다.[02]

그러나 지금은 아닙니다. 뭔가를 분명하게 알려주기보다 오히려 혼란만 일으키는 인쇄물과 정보가 홍수처럼 밀려들고 있습니다. 성경 역시 셀 수 없을 정도로 많은 조각들 가운데 한 부분일 뿐입니다. 아주 적은 수의 사람만이 구약과 신약의 인물들과 더불어 살아갑니다. '거룩한 땅'의 지리와 지형을 아는 이도 거의 없습니다. 노아와 욥, 아브라함과 다윗을 삶의 증인으로 여겨 마음에 담아두는 사람도 드뭅니다. 복음서 기자들과 사도들의 처지도 노아나 아브라함 등의 처지와 별반 다를 게 없습니다. 바흐의 '마태 수난곡'이 연주되면, 우리는 성경에서 예수의 삶을 처음으로 설명하는 사람이 쓴 역사를 찾아 읽어보는 대신 음악 사전을 먼저 손에 쥡니다.

하지만 그 반대도 역시 참입니다. 끝을 알 수 없는 곤고함, 그 어떤 조언이나 도움조차 얻을 수 없는 최악의 상황 속에 빠져 설교는 고사하고 친구로부터 안부 인사와 몸짓과 말 한 마디조차 얻을 수 없는 사람에게도 구약과 신약의 성경 말씀은 든든한 발판이요, 의지할 수 있는 닻이요, 아르키메데스의 점[03]이 되어줍니다. 그런 말씀은 「이사야」에서도 찾을 수 있고(43:1), 「시편」에서도 찾을 수 있으며(23편), 복음서에서도 찾을 수 있습니다. 맨 먼저 부르심을 받은 게바의 경우나, 이후에 부르심을 받은 자로서 용감하고 사랑이 충만하였던 바울의 경우에서도 그런 말씀을 찾을 수 있습니다. 숫자에서 상징을 찾아내길 좋아하는 사람들은 "(너희는) 두려워 말라"라는 평강의 인사가 성경 전체에 365회 등장한다는 것을 계산해냈습니다. 그들은 이 365회가 매일 한 번씩 그 인사를 나누도록 기록된 것이라고 생각합니다. 그러나 저는 정말 이 말이 365회 등장하는지 세어보진 않았습니다.

이제 성경은 일상의 삶에서 별로 중요하게 여겨지지도 않고 거의 영향을 미치지도 못하는 것 같습니다. 하지만 그 성경은 엄연히 서구 문화 속에 현존하고 있습니다. 제가 결코 잊지 못할 이야기가 하나 있습니다. 우리 조국의 동쪽에 공산 독재국가가 존재하던 시절의 이야기입니다. 동독의 독일사회주의통일당 중앙위원회 위원이던 한 극장장이 제게 한탄하기를, 노소를 불문하고 자신의 극장에 온 모든 사람들이 자신이 본 작품들을 더 이상 이해하지 못하는 것 같다고 말하더군요. 그 작품들의 근간이 된 성경 이야기(역사)를 모르기 때문이라는 것이었습니다. 성경 이야기를 알지 못했기에 셰익스피어와 괴테, 레싱과 브레히트도 이해할 수 없다는 것이었습니다. 괴테의 『파우스트』에는 이런 말이 실려 있습니다. "나는 원문을 파헤쳐보고 싶다." 성경을 모른다면 토마스 만이 쓴 『요셉과 그 형제들』[04]을 어떻게 이해하며, 슈테판 하임의 『다윗 왕 이야기』를 어떻게 이해할까요? 또 레싱의 '반지 비유(Ringparabel)'[05]는 어떻게 이해할까요?

성경은 분명 해석하기가 어렵습니다. 성경을 해석할 때 그것이 선포하는 말씀(복음)을 놓쳐버리면 성경은 패스트푸드로 바뀔 수 있습니다. 성경은 자신이 가벼이 소비되는 것을 거부합니다. 성경의 유명한 구절들만 따져봐도, 속담이나 항간의 흔한 격언보다 그 수가 훨씬 더 많기 때문입니다. 성경은 패스트푸드가 아닙니다. 오히려 성경은 다양한 편력과 여행에 필요한 노자일 수 있습니다. 성경은 딱딱한 빵 같은 때가 자주 있습니다. 그렇지만 결코 싸구려 요리는 아닙니다. 늘 경이로운 이적이 가득하지만 기괴한 책은 결코 아닙니다. 하지만 성경을 딱딱한 빵 같고 믿을 수 없는 이적을 담은 책이라고 여긴 탓인지, 지난 수백 년 사이에 세상의 지혜(처세술)와 인간의 지식으로 가득한 책들이 출현하였습니다. 이런 책들이 여러 이데올로기를 담은 책이나 일상의 예절을 다룬 책보다 훨씬 더 많은 게 현실이며, 앞으로도 그러할 것입니다.

저는 제 고향인 부퍼탈에서 『엘버펠트 독역 성경(Elberfelder Übersetzung)』[06]이 나온 사실에 자부심을 갖고 있습니다(『엘버펠트 독역 성경』은 다른 많은 역본보다 더 정확하고 더 꼼꼼하며 더 믿을 만한 단어들을 구사한 모습을 많은 구절들에서 분명하게 보여주고 있습니다. 덕분에 본문의 의미도 더 분명하게 나타납니다). 동시에 저는 저 자신이 루터 성경을 애호하는 사람 중 하나인 점에도 자부심을 갖고 있습니다. 루터의 언어는 오늘날까지도 국가적 사건이자, 독일 공동체를 세워준 보물입니다. 저 자신도 '진터말렌(sintemalen)'[07]과 '데셀비겐글라이헨(desselbigengleichen)'[08]이라는 말을 그대로 따라 씁니다. 마치 고대 프랑크의 말처럼 들릴 수 있는데도, 루터가 쓴 그 말을 그대로 쓰고 있는 것이지요. 만일 루터의 언어가 없었다면,

「시편」 23편이 위로의 능력을 발휘할 수 있었을까요? 만일 루터가 「고린도전서」 13장을 번역하지 않았다면, 그 장이 그렇게 고결한 송가가 될 수 있었을까요? 만일 루터가 "그때에 가이사 아구스도가 영을 내려 천하로 다 호적하라 하였으니"라고 번역해놓지 않았다면, 「누가복음」 2장이 기록한 예수 탄생의 내력이 그렇게 수많은 사람들의 마음속에 자리 잡을 수 있었을까요? 제가 알기에, 루터의 언어가 포착하지 못하는 것은 단지 조금뿐입니다. 단순히 우리가 옛날 사람이라서 그런 것만은 아니지요!

성경은 진정 일곱 인으로 봉한 책(계 5:1)입니다. 오래된 책이면서도 늘 새로운 책이지요. 그러나 성경은 단지 그것에 그치는 책이 아닙니다. 실제적이고 구체적이면서도 우리를 절박하게 몰아치고 우리에게 뭔가를 강제하는 책이기도 합니다. "가난한 사람을 학대하는 자는 그를 지으신 이를 멸시하는 자요, 궁핍한 사람을 불쌍히 여기는 자는 주를 공경하는 자니라"(잠 14:31). 만일 우리가 이런 말씀을 히브리어에서 독일어로 옮기는 데 그치지 않고 성경 말씀에서 일상의 삶으로도 옮겨놓는다면, 그래서 이 말씀대로 살아간다면, 우리가 사는 세상은 어떻게 보일까요? 그 세상의 안과 밖은 어떻게 달라질까요?

성경은 우리 인간을 속속들이 꿰뚫고 있습니다. 그때나 지금이나 우리 삶을 속속들이 알고 있습니다. 저는 성경에서 사랑의 역사와 비유와 보고(報告)를 발견합니다. 이것들은 그르친 인생과 잘된 인생을 이야기해줍니다. 동시에 성경은 유대인이 우리에게 '빛진 자'가 아니라, 도리어 우리가 그들에게 '빚진 자'임을 분명하게 일러줍니다. 모세가 쓴 토라(오경)는 예수를 증언하는 성경입니다. 성경이 하찮은 책이 되지 않고 역사의 유물로 전락하지 않은 것은 예수의 죽음과 부활 때문입니다. 성경은 온 세상과 온 공동체의 주님이시요, 늘 살아 계시는 그분의 말씀으로서 변함없이 존속하고 있습니다. 우리는 기독교가 말하는 이웃 사랑이 무슨 의미인지, 내가 얼마나 이웃을 사랑하는지 깊이 생각해보지 않습니다. 그러면서도 유대인들의 사상과 신앙을 놓고 왈가왈부하는 경우가 얼마나 많습니까? 만일 우리가 복음이란 것이 어디에서 유래했는지 알았다면 우리는 거짓 선지자들을 거의 따르지 않았을 겁니다. 사람들이 성경으로, 더 정확히 말해 산상설교(마 5-7장)로 정치를 할 수 있을까요?

이런 물음은 하나님과 세계에 대한 성찰만큼이나 오래된 것입니다. 루터와 비스마르크는 불가능하다고 말했습니다. 이 두 사람만큼이나 유명한 그리스도인인 헬무트 슈미트[09]도 가능하다는 말을 하지 못했습니다. 물론 산상설교를 기록한 「마태복음」 5~7장은 정치 방책을 기록한 책이 아닙니다. 그러나 산상설교 없이도 혹은 산상설교의 가르침을 거스르면서도 정치를 할 수 있다고 한다면, 요한 서신이나 「에베소서」나 「갈라디아서」의 경우에는 어떻게 될까요? 성경 구절을 증거로 들이대며 그 구절을 반대자들에게 맞서는 무기로 사용함으로써 끝내 그 반대자들을 적으로 만들어버리는 정치꾼들이 항상 존재하고 있습니다. 그러나 성경은 무기가 아니라 샘입니다. 성경을 억눌린 사람들을 해방시키고 자유를 누리도록 도와주는 데 쓰지 않고 타인을 박살내는 도구로 사용하는 사람은 이미 성경을 그릇되게 사용한 것입니다. 성경을 오해하였기 때문입니다.

"또 네가 어려서부터 성경을 알았나니 성경은 능히 너로 하여금 구원에 이르는 지혜가 있게 하느니라"(딤후 3:15). 어려서부터 성경을 아는 사람은 점점 더 줄어들고 있습니다. 그러나 다양한 정보가 넘쳐나는 시대에도 성경은—비록 한 조각의 말씀, 하나의 낱말, 하나의 구절이라 할지라도— 세상이라는 정글에 갇혀 혼란스러운 일상에 파묻혀 있는 한 사람 한 사람에게 놀랍도록 새롭게 다가오는 경우가 자주 있습니다. "집어 읽으라!"[10]는 성경 마지막 책의 말씀을 듣고 그대로 행하는 자는 생명을 얻으며 미래(Zukunft)[11]를 볼 것입니다.

01. 독일 노르트라인-베스트팔렌 지방의 한 지역.

02. 콘라트 페르디난트 마이어는 1825년에 태어나 1898년에 사망한 스위스의 사실주의 시인으로, 19세기 독일어권을 대표하는 시인 가운데 하나다. 그가 여기서 한 말은 그의 작품인 『후텐의 마지막 날들(Huttens letzte Tage)』(1871)에 실린 시 가운데 한 부분이다. 여기서 마이어가 가리키는 '그'는 바로 종교개혁자 마르틴 루터(1483-1546)를 가리킨다.

03. 확실한 지식의 기준을 상징하는 말. 아르키메데스는 지레의 받침틀을 놓을 지점만 정확히 안다면 지구도 지레를 사용하여 들어 올릴 수 있다고 말했는데, 여기서 '아르키메데스의 점'이라는 말이 유래했다고 한다. 라우 대통령은 성경이 바로 아르키메데스의 점이라고 주장한다.

04. 토마스 만(1875-1955)이 쓴 4부작 소설. 1925년에 팔레스타인을 여행하다가 얻은 영감을 기초로 1926년에 뮌헨에서 집필을 시작하여, 나치의 손길을 피해 망명해 있던 미국 캘리포니아에서 1943년에 완성하였다. 1부는 '요셉의 내력', 2부는 '소년 요셉', 3부는 '애굽 시절의 요셉', 4부는 '온 가족의 부양자 요셉'으로 되어 있다. 2001년 살림출판사에서 한국어판이 출간되었다.

05. 레싱은 자신의 작품 「현자 나탄(Nathan, der Weise)」에서 서로 다른 종교를 가진 사람끼리 관용과 사랑의 정신을 발휘해야 한다고 주장하였다. 반지의 비유는 레싱의 극 중에서 나탄이 들려주는 이야기다.

06. 엘버펠트는 부퍼탈 안에 있었던 한 지역. 율리우스 안톤 폰 포젝 등이 번역한 이 독역 성경은 가능한 한 순수한 원문을 찾아내어 번역 대본으로 삼되, 번역 과정에서 번역자들의 신학 해석을 최대한 배제하는 것을 지향하였다. 루터 역본만큼 널리 퍼지지는 않았어도, 원문에 충실하려는 노력과 번역어의 아름다움 때문에

인정을 받았다. 1855년에 신약, 1871년에 구약이 발간되었다.

07. 현대 독일어의 da나 weil과 같은 뜻으로, '무엇 때문에' 라는 뜻을 지닌 독일어 옛말.

08. 현대 독일어의 ebenso와 같은 뜻으로, '무엇과 마찬가지로' 라는 뜻을 지닌 독일어 옛말.

09. 1918년에 태어났다. 빌리 브란트의 뒤를 이어 1974년에 총리가 된 뒤, 1982년까지 독일연방공화국 총리를 지냈다.

10. 아우구스티누스가 회심케 된 계기가 된 말이 바로 "집어 읽으라(tolle, lege)!"였다고 한다. 「요한계시록」 10장 9절에는 "갖다 먹어버리라" 라는 말씀이 기록되어 있다.

11. 독일어 Zukunft에는 '그리스도의 재림' 이라는 의미도 들어 있다.

그리스도인이 웃을 수 있는 이유

1999년에 나온 『개신교 주석 2(Evangelische Kommentare 2)』에 실린 내용

그러므로 나는 사람이 자기 일에 즐거워하는 것보다 더 나은 것이 없음을 보았나니

(전도서 3:22)

유머와 그리스도인을 놓고 이야기하면, 사람들은 가톨릭을 믿는 형제자매들은 활달하고 유쾌한데 개신교를 믿는 이들은 도통 유머가 없다고 말합니다. 제가 어렸을 때도 "사람들이 도무지 웃지 않는다"는 말을 들었습니다. 다행히도 우리 부모님은 달랐습니다. 아버지는 웃지 않는 그리스도인들을 발견하면 우셨습니다. 목사의 아들이었던 프리드리히 니체는 자신이 그리스도인들이 말하는 구원자를 믿게 되면, 그리스도인들이 지금보다는 구원받은 사람들처럼 보일 거라고 말했습니다. 아버지는 니체의 이 말이 옳은 말이라고 공감을 표시하셨지요.

'우리 입이 웃음으로 가득하게' 될 것이라는 말은 분명 다가올 미래의 삶에 주어진 약속입니다. 하지만 현재는 그런 약속의 자취가 전혀 눈에 띄지 않습니다. 뿐만 아니라 웃음에는 많은 얼굴이 있습니다. '그들을 비웃으시는' 하나님의 웃음에서는, 믿지 못한 채 의심하는 사라의 웃음보다 하나님의 주권이 더 많이 드러납니다.

'익살스럽다'라는 말은 재치(Witz)와 정신(Geist)보다 오히려 변덕(Schwulle)을 연상케 합니다. '익살스러움'은 그리스도를 믿는 부모님보다는 리히텐베르크[01]와 하인리히 테어도어 폰타너[02], 빌헬름 라버[03]나 빌헬름 부슈[04]의 글에서 더 잘 찾을 수 있을 것 같습니다. 이 책들은 하나같이 익살과 재치(유머와 위트), 아이러니와 풍자가 다르다는 것을 상세히 설명합니다. 그러나 그중에서도 단연 압권은 발터 킬리가 쓴 익살의 고전 『독일인의 재담 소지지(小地誌)(Kleine Geographie des deutschen Witzes)』와 잘치아 란트만[05]의 『유대인의 재담(Jüdische Witze)』입니다. 특히 후자의 재담을 읽고 나면, 우리는 많은 사람들이 유대인의 재담이라고 소개하려 하는 이야기들은 재담 축에도 끼워주지 않을 것입니다. 그러나 정작 익살스러운 것은 가톨릭교회의 바로크 양식이 아닐까요? 아니 어쩌면, 하나님의 말씀이 다스리는 교회(die Kirche des Wortes)를 사람들의 말이 다스리는 교회(die Kirche der Wörter)로 너무나 빈번하게 오해하는 현실이 우스운 게 아닐까요? 아니면 청중을 사로잡는 설교 시간에 느닷없이 터져버린 유쾌하고 호방한 웃음을 교회 내의 사고로 오해하는 현실이 익살스러운 게 아닐까요?

'교회에 얽힌 재담들'이나 '어린이의 입'에서 흘러나온 재담들에 흥미를 보이는 소책자가 많습니다. 이런 책자들은 유머가 없는 그리스도인의 모습을 좋지 않게 묘사하려고 합니다. 하지만 어떤 상황에서 정교하게 '끄집어낸' 이야기를 바탕으로 기록된 시추에 이션 코미디 작품은 본디 다른 어떤 종류의 대중문학 작품보다 훨씬 더 작가의 탁월한 솜씨를 필요로 하지요.

물론 익살스러운 것은 부엌에도 있고 교회에도 있습니다. 교회의 성의실(聖衣室)에도 있고 의회 의사당에도 있지요. 그런가 하면 기업체에도 있고 수도원에도 있습니다. 그렇지만 유머가 복음을 덮어버린다면 참된 복음은 더 이상 전파되지 못한 채 각주(하찮은 것)로 전락하여 그 복음의 진지함과 장중함을 잃어버리고 그 구원을 잃어버리게 되는 것은 아닐까요? 그런 의혹을 불식시키면서도 익살을 더욱더 살려갈 수 있는 방도는 없을까요? 있다면 어떤 방도일까요?

루터는 마귀를 '웃음을 흘리는 추한 얼굴'로 보았습니다. 그럼에도 불구하고 그는 기쁨을 '신앙의 박사모자(博士帽子)'라고 불렀습니다. 아울러 그는 회개한 영혼이 '항상 기뻐하고, 늘 기뻐하며, 날마다 햇빛처럼 밝은 마음'을 보여주지 않는 경우를 생각조차 하지 않았습니다. 그는 유머라는 것에서도 일가를 이룬 위대한 인물이었습니다. 신학과 정치학, 경건한 신앙과 유머, 진지함과 유쾌함이 들어 있는 이야기가 오고가는 루터의 『식탁담화(Tischreden)』를 읽어본 사람이 있을 겁니다. 만일 이 사람이 귀를 쫑긋 세우고, 그 담화에 등장하는 루터의 말을 경청하였다 합시다. 나아가 이 경청하는 사람도 자신이 말하는 재담이 루터가 아직은 모르는 것이기를 바라면서 이런저런 재담으로 그 자리에 참여하는 데 익숙해졌다고 해봅시다. 이런 사람은 루터의 『식탁 담화』를 읽고 있는 게 아니라, 정말로 루터와 같은 식탁에 앉아 이런 저런 재담을 주고받는 것 같은 느낌이 들 것입니다.

곤고한 시대를 살아가는 그리스도인에게 유머는 삶을 연장시키는 데 필요한 하나의 가능성이었던 것 같습니다. 게토에 갇혀 있었던 유대인의 경우가 꼭 그러했지요. 국가사회주의자들이 독방에 감금했던 마르틴 니묄러[06]는 자신이 수감된 교도소 담당 목사에게서 이런 질문을 받은 적이 있었습니다. "형제님은 무슨 일을 했기에 감옥에 들어오신 거죠?" 그러자 니묄러는 이렇게 반문했습니다. "형제님은 무슨 일을 했기에 감옥행을 면하셨죠?" 그런가 하면 칼 바르트에 얽힌 이야기도 있지요. 청중의 심장을 파고드는 그의 설교가 끝나자, 한 성도가 그에게 이런 질문을 던졌습니다. "교수님, 나중에 우리가 '저 천국에 가면' 사랑하는 사람들을 다시 보게 되겠지요?" 그러자 바르트가 이렇게 대답했답니다. "그럼요. 하지만 우리가 사랑하지 않았던 사람들도 보게 될 겁니다."

어쩌면 제가 만난 사람들 중에는 빌헬름 라버가 일찍이 말했던 '폭풍이 몰아치는 인생의 구명대'가 필요 없는 사람들이 많았는지도 모르겠습니다. 그들은 아마 다른 배를 타고 있었나 봅니다. 랍비인 엘라자르 벤 요에츠는 유머를 가리켜 '우울함을 하찮게 만드는 것'이라고 말했습니다. 우리는 유머에 얽힌 이야기를 얼마나 많이 듣고 있는지 모릅니다! 하지만 그리스도인의 유머거리는, 더 좋게 고치려다 오히려 더 엉망이 되어버린 찬송가 가사나, 주일학교 어린이들의 천진난만한 이야기가 아닙니다. 오히려 우리 그리스도인들이 눈물 속에서도 웃을 수 있는 것은, 우리 자신이 이 세상에서 하는 일이 잠시 있다 지나가는 것임을 알기 때문이요, 우리 삶의 끝자락이 어떠할지 잘 알고 있기 때문입니다.

인생에는 웃을 때가 있고 울 때가 있습니다. 웃음과 울음 사이에는 영원한 간극이 존재하지 않습니다. 둘 사이의 거리는 한 걸음 정도에 불과하지요. 성경은 "그러므로 나는 사람이 자기 일에 즐거워하는 것보다 더 나은 것이 없음을 보았나니"(전 3:22)라고 이야기합니다. 이 말씀은 자기 일의 의로움이나 하나님께 희생을 드리는 것을 즐거워하는 마음을 이야기하는 게 아닙니다. 우리가 사나 죽으나 늘 하나님의 선하신 손안에 있다는 그 사실이 우리에겐 생생한 감사 제목임을 고백한 것이지요.

| 주 |

01. 게오르그 크리스토프 리히텐베르크는 1742년에 태어나 1799년에 세상을 떠난 독일의 작가로, 독일어로 된 촌철살인의 경구를 지어내는 데 길잡이가 된 인물이다.

02. 1819년에 태어나 1898년에 세상을 떠난 독일의 작가.

03. 1831년에 태어나 1910년에 세상을 떠난 독일의 소설가이자 시인. 사회 현실을 비판하는 작품을 주로 썼다.

04. 1832년에 태어나 1908년에 세상을 떠난 독일의 풍자 시인이자 희극 작가.

05. 1911년에 태어나 2002년에 스위스에서 세상을 떠난 작가.

06. 1892년에 태어나 1984년에 세상을 떠난 독일의 목회자. 나치 정권이 등장한 1933년에 '고백교회'의 기초가 된 '목회자긴급동맹(Pfarrernotbund)'을 조직, 유대계 그리스도인들을 독일 교회에서 축출하고 성경의 가르침을 왜곡하려는 나치에 맞서 복음의 순결과 교회를 지키고자 투쟁하였다. 1934년에는 유대인의 공직 취임을 금지한 '아리안 조항'을 거부하다가 결국 나치로부터 목사직을 박탈당하고 설교를 금지당하였다. 이런 반(反)나치 투쟁 때문에 2차 대전이 끝날 때까지 옥고를 치러야만 했다. 2차 대전 이후에는 나치에 협력한 독일 교회가 그 죄를 참회하도록 인도하였으며, 세계 교회의 일치에도 앞장서 1961년부터 1968년까지 세계교회협의회의 총재를 지내기도 하였다.

내 삶에 방향을 제시해준 것

1982년에 기고한 글

제 누이들은 저를 세상에 둘도 없는 '책벌레'로 여겼습니다. 읽고 싶은 책을 마음껏 마련할 수 없었기에, 일단 제 수중에 들어온 책은 닥치는 대로 모두 읽었기 때문입니다. 그렇게 책을 읽던 습관이 제 직업을 결정하였습니다. 물론 그것이 오해란 것을 출판사에서 보낸 3년의 배움 기간 동안 날마다 깨닫게 되었지요. 저는 책들이 만들어지는 곳에서 제 자신을 갈고 닦을 길을 찾으려고 했습니다. 그곳이야말로 책에 굶주린 제게 최고의 자양분을 공급해줄 수 있는 곳이라고 믿었던 것이지요. 저는 제 고향인 부퍼탈에 있는 한 복음주의 전문 출판사에서 일을 배우게 되었습니다. 때문에 책을 읽을 수 있는 길은 훨씬 더 넓어지게 되었지요. 저는 심미안과 동떨어진 일, 왼손을 두 개나 가진 채 마음껏 환상의 날개를 펴는 사람에겐 아무것도 아닌 일(식은 죽 먹기보다 쉬운 일)은 배우지 말아야 한다고 믿었습니다. 하지만 출판사에서 제가 해야 했던 일은 소포들이 무사히 도착하도록 잘 포장하는 일, 우편 요금을 익혀두었다가 그때그때 잘 적용하는 일, 계산서를 기록하고 물품인

도중과 대조하는 일, 그리고 그날그날 주어진 힘든 일거리들을 정확히 제 시간에 '털털거리는 자동차로' 우체국에 가져다주는 일이었습니다. 저는 당시 제가 하는 일이 베스트셀러를 펴내고 문학작품을 평할 사람을 길러주는 훈련일 거라고 믿었습니다! 출판 일을 배운 지 두 번째 해가 되었을 때, 저는 교정지를 읽을 수 있도록 허락받았습니다. 세 번째 해에는 서적 판매상들에게 돌릴 광고문을 기획할 수 있게 되었지요. 아울러 이 세 번째 해에는 제 자신의 권한과 책임 아래 고객 및 서적 판매상들과 서신을 주고받을 수 있게 되었습니다. 이런 일련의 과정은 마치 오랫동안 기다려온 기사 서임식이 차근차근 진행되는 것 같았습니다. 제가 소망한 것은 '책 읽는 직업(직업으로서 책 읽기)' 이었습니다. 그러나 제가 당면한 상황은 '책을 읽을 수 없는 직업' 이었습니다.

그 이후 15년 동안 저는 제가 배운 것을 응용하고 더 발전시켜 나갔습니다. 뿐만 아니라 그 기간 동안 제가 배운 그것들을 완전하게 만들었습니다. 소망하던 일이었지요. 그러면서 그때 저는 한 출판사를 유명한 출판사로 만들었습니다. 저자들이 출판사에 구애를 하고, 찾아와 출간을 의뢰하였습니다. 그들은 곧 유명한 저자들이 되었지요. 그때 저는 제가 정말로 원하던 것을 다시 깨닫게 되었습니다. 바로 독서였습니다. 그러나 책을 읽는 것은 더 이상 아이들의 즐거운 모험이 아니라 고된 노동이었습니다. 늘 이런 걸 고민했지요. 작가가 말하는 것을 그대로 지면에 실어야 할까? 작가의 말을 일점일획도 고치지 않고 그대로 활자로 옮겨야 할까? 독자들이 더 잘 이해할 수 있게끔 고쳐 쓸 수 있는데도 작가들은 어째서 글자 하나도 고치지 않으려고 고집을 부리는 걸까? 책을 읽을 만한 사람들에게 다가갈 방도는 무엇일까? 어떻게 하면 한 사람의 작가, 한 권의 책, 하나의 출판사를 유명하게 만들고 그 얼굴을 세상에 널리 알릴 수 있을까? 전 지금까지 50년을 살았습니다만, 그 가운데 20년을 그렇게 살았습니다. 그 20년의 세월이 어떤 방향을 가지고 있었을까요? 지금은 제가 보기에도 그 시절의 제가 낯선 이방인처럼 보이고, 그 시절의 제 말이 낯선 이방인의 말처럼 들립니다. 지금은 제가 그 시절에 던졌던 질문들에 제 자신이 전혀 다른 대답을 내놓지요. 그럴지라도 저는 그 시절을 결코 잊지 않을 겁니다.

오늘날 젊은 사람들은 직업을 바꾸는 일이 으레 있을 수 있는 일이라고 배우며, 또 그렇게 생각하는 것 같습니다. 그러나 제가 제 직업을 바꾼 일은 계획된 것도 아니었고 누가 계획한 일도 아니었습니다. 우연히 벌어진 일이었죠. 1950년대, 정치계는 전쟁에 휘말려 들었습니다. 저는 제 일을 정리해야 한다고 느꼈습니다. 정치는 단순히 오랜 토의 끝에 무언가를 결정하는 것이 아니었습니다. 그건 어떤 방향을 결정하는 일이었지요. '그렇게 방향을 결정하는 순간에 그리스도인은 뭔가 특별한 것을 말해야 하지 않을까? 그리스도의 가르침을 따르는 정치가 있어야 하지 않을까? 그리스도인들이 정계에서 그리스도인이 아닌 사람들과 구별된 길을 걸어간다면 어떻게 될까? 우리는 한 방향으로만 가려고 하는 것은 아닐까? 아데나우어[01]의 서방정책은 동방과 화해하는 일과 동시에 이루어져야 하지 않을까? 아니면 우리 그리스도인들이 먼저 동방과 화해할 길을 모색하고 그 길을 가야만 하지 않을까?' 제 생각은 그랬습니다.[02]

밤마다 우리는 교회 공동체에서, 청년들끼리, 단골로 가는 식당에서, 그리고 광장에서 그런 문제를 토론하였습니다. 우리는 우리 자신을 복음을 따르는 그리스도인이라고 여겼습니다. 그런 우리가 너무나 번번이 숙명처럼 붙들고 있던 전통이 있었습니다. 우리에게 중요한 것은 각 사람의 영원한 구원일 뿐, 현재의 안녕은 중요치 않다는 것이었습니다. 그러나 우리가 정녕 복음을 좇는 사람이었다면, 그런 전통에 집착해야만 했을까요?

이런 논쟁을 이해하고 자기 나름의 입장을 정하고자 한다면, 역시 독서가 필요했습니다. 그러나 독서만으로는 충분치 않았습니다. 칼 바르트[03]와 발터 퀴네트[04]를 읽으면 그걸로 족할까요? 아니면 헬무트 틸리케[05]와 헬무트 골비처,[06] 헤르만 엘러스[07]와 구스타프 하이네만[08]을 읽으면 그걸로 족할까요? 저는 제가 헤르만 엘러스의 친구라고 생각했습니다. 엘러스도 저처럼 복음주의 교육을 받았지요. 아울러 저는 구스타프 하이네만도 이해했으며, 그의 견해에도 동의했습니다. 우리가 먼저 해야 할 일은 화해이지, 전쟁 준비가 아니라는 게 하이네만의 말이었지요. 갈림길에 서 있는 서로 다른 두 사람이 어떻게 같은 신앙, 같은 신념을 가질 수 있었는지 신기한 일입니다.

저는 여기서 그 시대를 규정했던 논점들을 열거할 수도 없고, 그 시대에 벌어진 논쟁의 윤곽을 묘사할 수도 없습니다. 그러나 저는 그때 제가 더 나아가 체험해보고 싶었던 것을 경험했습니다. 결국 제 삶에 방향을 제시해준 것은 책이 아니라 사람들이었습니다. 다양한 면모의 사람들, 경험과 열정을 가진 사람들, 다른 사람들을 자신이 걸어가는 길에 동참시키는 데 천부적 재능을 가진 사람들이 제 삶의 방향을 제시해주었던 겁니다.

저는 그런 사람들을 만났습니다. 그들이 어떤 사람인지 묘사해보려고 한다면, 너무나 불충분한 흑백 묵화만 많이 그려질 것입니다. 그런 그림들은 너무나 잘못되고 부족한 것들일 겁니다. 그 시대에 구스타프 하이네만이 있었습니다. 그는 1950년 에센에서 열린 독일 개신교 교회대회에서 이렇게 말했습니다. "여러분의 주인들은 가고, 우리 주님이 오십니다!" 그건 마치 모든 숙명론, 세상이 돌아가는 것은 그렇고 그렇기 마련이라는 모든 그릇된 이론에 맞서는 신앙고백 같습니다. 사람들은 하이네만을 좋아하지 않았습니다만, 그는 그 시대 사람들 속에서 살아가면서도 그 어떤 변호인도 필요로 하지 않았던 사람들을 무턱대고 지지하지만은 않았습니다.[09] 사람들은 그의 그런 모습을 보고 배웠지요.

그 시대에는 열정이 충만했던 사회학 교수 요하네스 하르더도 있었습니다. 그는 제 고향 부퍼탈에서 가르쳤습니다. 저도 그로부터 블룸하르트의 하나님 나라 신학(die Reich-Gottes-Theologie)이 말하려고 하는 것과 쇠얀 키에르케고어[10]의 풍자가 무엇을 지향하는지 배웠습니다. 공식적 교회사 이외에도 여러 이단자와 예언자들의 역사를 함께 배웠고, 루터와 더불어 토마스 뮌처[11]도 함께 배웠습니다.

그런가 하면 그 시대에는 요하네스 슐링언지펀도 있었습니다. 은둔을 좋아하고 엄격하며 붙임성이 없었던 분이지만, 라인 지역 교회의 아버지인 분입니다. 그는 소수의 개신교 그리스도인들과 함께 목숨을 내걸고 히틀러에 맞서 저항한 분입니다. 그는 팔십 노인이시지만, 라틴 아메리카의 신학이 강조하는 평화와 해방의 의미를, 큰 신문들에 등장하는 박식한 평론가들보다 더 깊이 이해하고 있는 분이지요.

옛적의 교회에서는 사람들 사이에 '형제들의 위로(consolatio fratrum)'가 있었습니다. 형제들끼리 조언하고 권면하며 위로하였지요. 저도 전에 그런 위로를 체험했습니다. 하지만 이제는 더 이상 그런 위로가 존재하지 않는다는 것을 알게 되었습니다. 예전에는 사람들이 서로 귀를 기울이고 서로 마음을 열어 보이며 심사숙고 끝에 조언하고 위로했습니다. 그런 경험이 제가 나아갈 삶의 방향을 제시해 주었습니다.

오늘날에는 '형제'라는 말과 '형제애(Brüderlichkeit)'라는 말이 위선적이며 감성이나 건드리는 말처럼 들릴 때가 잦습니다. 육신의 형제가 있는 사람은 저의 이런 말을 이해하지 못합니다. 육신의 형제가 있는 사람은 서로 속내까지 잘 알며 피차 아무것도 속일 수 없는 사이가 형제지간이라는 것을 잘 압니다. 육신의 형제가 있는 사람은 형제끼리 경쟁자가 될 수 있으며, 형제가 곁에 사는 것이나 형제의 집에 있는 가축 우리 냄새가 성가신 것이 될 수 있다는 것을 잘 압니다. 그러나 형제는 서로 믿을 수 있다는 것도 경험할 수 있습니다.

그럭저럭 하는 동안, 저는 더 이상 책과 함께하지 못하고 있습니다. 1,700만의 엄청난 시민들이 살고 있는 란트(Land)[12]의 총리로서 일하고 있기 때문입니다. 제게는 단지 '형제들'만 있는 게 아닙니다. 동지와 동료, 협력자와 반대자가 있습니다. 절친한 친구가 있는가 하면, 그냥 알고 지내는 사람도 있습니다. 아마 대적들도 있을 겁니다. 세상에는 형제들만 있는 것이 아닙니다. 모든 사람이 저와 같은 마음인 것도 아닙니다. 이런 세상에서 어떻게 하면 방향을 잃지 않고 누구나 알아볼 수 있는 길을 걸어갈 수 있을까요? 얼굴을 맞댄 대화 시간(어떤 결과를 이끌어내야 한다는 부담감이 없는 평안한 대화의 시간)은 점점 더 부족해지고, 편지의 숫자만 늘어가고 있습니다. 저는 충분한 대답을 얻은 걸까요? 저는 제가 거둔 성과는 자랑하면서도, 정작 제가 실패한 것은 숨겼습니다. 어쩌면 제가 실패한 것도 부분적 성과를 거둔 것으로 포장하여 제시한 경우가 많았을 겁니다. 제가 공직을 맡으면서 제 결점도 분명하게 드러났습니다. 제게는 수많은 편지가 옵니다. 그 편지들을 보면서 저는 우리가 사는 이 세상이 크고 넓은 곳이자, 소망과 기대, 염원과 갈망, 그리고 불안이 가득한 곳임을 알게 되었습니다.

우리의 일상에는 타인을 바라보며 나누는 일(Zuwendung)이 부족합니다. 이 점이 저를 우울하게 만듭니다. 다른 이를 바라보는 일이 줄어들면서 많은 사람들이 외톨이가 되고 고독한 존재가 되었습니다. 홀로 있지 아니한데도 고독한 이들이 많습니다. '감성의 결핍(Sinndefizit)'이란 말은 이미 오래전부터 유행어가 되었습니다. 저 역시 다른 사람, 심지어 제 자신조차도 바라보지 않는 사람이었습니다. 볼프강 보르허트[13]는 하나의 '등대'가 되고 싶어 했습니다. 그는 자신을 '조난당한 배'라고 생각했지요. 제게는 해답 한 조각이 있습니다. 거기에는 진리의 정점이 있습니다. 자신을 과시하고 자기 양식만을 고집하는 이들은 그 정점에 이르지 못합니다. 그는 결코 '형제들'과 함께 살 수 없기 때문입니다.

형제들이 (하늘에 계신) 아버지를 인식할 때, 비로소 타인을 형제로 바라보게 됩니다. 저는 어릴 때부터 "아버지가 자기 자녀를 불쌍히 여기듯이 하나님도 우리를 불쌍히 여기신다"고 배웠습니다만, 지금도 늘 이 말씀을 한 자 한 자 되새기곤 합니다. 온 세상에 복음을 전한 바울은 자신이 한 일을 온전하다고 생각하지 않았습니다. 그렇기에 그는 이렇게 말했던 것입니다. "내가 이미 얻었다 함도 아니요, 온전히 이루었다 함도 아니라. 오직 내가 그리스도 예수께 잡힌바 된 그것을 잡으려고 달려가노라"(빌 3:12). 곧 있으면 하나님은 우리 앞에 다시 나타나실 것입니다. 반대자든 적이든, 지인(知人)이든 낯선 사람이든, 내게 성가신 사람이든 내가 보고 싶어 하는 사람이든 가리지 않고 모든 사람 앞에 나타나실 것입니다. 사람들에게 깨어 있는 마음과 또렷한 눈이 필요한 것은 그 때문입니다. 그런 마음, 그런 눈이 있어야 하나님이 다시 오실 때 그분을 못 보고 놓쳐버리는 일이 없을 것이기 때문입니다.

01. 1876년에 태어나 1967년에 세상을 떠난 콘라트 아데나우어는 2차 대전 때는 반 나치 투쟁과 히틀러 암살 계획에 참여하였다가 옥고를 치렀다. 독일의 초대 총리가 되어 독일의 부흥을 이끌고 드골과 더불어 서유럽동맹의 지도자가 되었다. 냉전 시대에 강력한 반공 정책을 펼쳐, 동구권과 불편한 관계를 유지하였다.

02. 독일 통일 이전에 서독이 구(舊)소련을 비롯한 동구 세계와 화해한 것은 사민당 출신인 빌리 브란트 총리가 동방 정책을 추진한 결과였다. 많은 정치 전문가들은 브란트의 동방 정책이 1990년 독일 통일을 이루는 견인차가 되었다고 본다.

03. 1886년에 태어나 1968년에 세상을 떠난 스위스 출신의 신학자. 『교회 교의학(Die Kirchliche Dogmatik)』이라는 방대한 저서를 남겼다.

04. 1901년에 태어나 1997년에 세상을 떠났다. 에어랑언과 튀빙언에서 공부하는 동안, 자연과학에 맞서 기독교의 진리를 변증하였던 루터파 신학자 칼 하임(1874-1958)으로부터 큰 영향을 받았다. 고백교회 운동에 참여하여 나치에 저항하였고, 2차 대전 이후에는 불트만 등의 실존신학과 대척점에 섰다.

05. 1908년에 태어나 1986년에 세상을 떠난 독일의 개혁신학자. 나치에 저항하여 고백교회에 참여하였고, 전후에는 튀빙언과 함부르크 대학에서 조직신학 등을 가르쳤다.

06. 1908년에 태어나 1993년에 세상을 떠난 독일의 개신교 신학자. 역시 나치에 저항한 인물이다.

07. 1904년에 태어나 1954년에 세상을 떠난 독일의 신학자이자 정치가. 니묄러 목사 등과 함께 나치에 저항한 고백교회 운동을 주도하였고, 2차 대전 이후에는 독일 개신교회를 세우는 데 기여하였다. 1950년부터 세상을 떠날 때까지 독일연방공화국 하원의장을 지냈다.

08. 1899년에 태어나 1976년에 세상을 떠난 독일의 법학자이자 경제학자, 역사학
자, 정치가. 23세에 마르부르크 대학에서 철학 박사 학위를 받은 뒤, 고백교회
운동에 헌신하여 나치에 저항하였다. 전후에는 1949년부터 아데나우어 초대 내
각에서 독일연방공화국 내무장관을 역임하였다. 그러나 독일의 재무장을 반대하
고 아데나우어의 서방정책에 반대하면서, 동서 평화와 화해 정책을 주창하였다.
1969년부터 1974년까지 독일연방공화국 대통령을 지내면서, 빌리 브란트 총리
와 함께 독일의 동방정책을 이끌었다.

09. 같은 편 사람들, 특히 반 나치 투쟁에 동참했던 동지들일지라도, 전후 동서 냉전
과정에서 옳지 않은 노선을 따른다고 생각하면 과감하게 반대 의견을 피력했다
는 뜻.

10. 1813년에 태어나 1855년에 세상을 떠난 덴마크의 실존철학자. 교회 내의 모순
된 신앙과 부조리를 통렬하게 고발하였다.

11. 루터가 종교개혁을 일으켰을 당시, 종말론 사상에 심취하여 독일 농민봉기를 이
끌었던 인물이다.

12. 독일연방공화국은 모두 16개의 란트로 이루어져 있다. 각 란트는 자치권을 가지
고 있으며, 자체 행정부와 입법부를 갖고 있다. 외교권과 국방 문제는 연방정부
관할이다.

13. 1921년에 태어나 1947년에 세상을 떠난 독일의 작가이자 극작가.

소망이 있는 사람은 기뻐합니다

1991년 루르 관구 교회대회에서 한 성경 강론

이스라엘 자손도 다시 울며 이르되, "누가 우리에게 고기를 주어 먹게 하랴. 우리가 애굽에 있을 때에는 값없이 생선과 오이와 참외와 부추와 파와 마늘들을 먹은 것이 생각나거늘, 이제는 우리의 기력이 다하여 이 만나 외에는 보이는 것이 아무것도 없도다" 하니 …… 고기가 아직 이 사이에 있어 씹히기 전에 여호와께서 백성에게 대하여 진노하사 심히 큰 재앙으로 치셨으므로 그곳 이름을 기브롯 핫다아와라 불렀으니, 욕심을 낸 백성을 거기 장사함이었더라.

(민수기 11:4하-34)

제가 여러분께 읽어드린 성경 본문의 이야기를 되새겨보십시오. 그러면 여러분은 모세가 하나님께 나아간 것이 아님을 아시게 될 것입니다. 더불어 그가 "저는 여기까지만 이 백성과 함께하겠습니다"나 "이 백성들이 왜 이럽니까?"와 같은 말도 하지 않았다는 것을 아시게 될 것입니다. 도리어 모세는 이렇게 말했습니다. "주여, 당신은 왜 이러십니까? 어찌하여 다른 사람이 아닌 제게 이 백성을 맡기셨습니까?"(민 11:11)

거기까지(11절 부분까지) 이 이야기를 들으신 분이라면, 분명 모세와 오늘날 국민들을 이끌고 있는 지도자들을 비교해보려고 하실 겁니다. 그러나 그 지도자들 가운데 자신이 힘에 지나도록 하나님께 기도한다고 말하는 사람은 많지 않습니다. 마르틴 루터는 '기도와 노동(ora et labora)'을 놓고 이렇게 이야기했습니다. "우리는 일할 때, 마치 기도는 아무 쓸모가 없는 것처럼 생각하고 일해야만 한다. 또 우리는 기도할 때, 마치 일은 아무 쓸모가 없는 것처럼 생각하고 기도해야만 한다." 모세는 한 가지 일을 더 행하였습니다. 그는 하나님 백성의 역사 속에서 하나님이 택하신 이 백성과 그들의 주이신 하나님을 이어주는 다리가 되고자 하였습니다. 그 하나님은 모세 자신이 구름 속에서 뵈었던 분이요, 가시덤불에서 목격하였던 분이며, 율법이 주어진 산 위에서 만났던 바로 그분이었습니다. 모세는 하나님과 그분의 백성을 이어주는 경첩의 한 부분이 되려고 하였습니다.

당시의 이스라엘 백성들은 비디오도, CD도, 영화도 갖고 있지 않았습니다. 하지만 우리는 당시 이스라엘 백성들의 모습을 생생하게 묘사해볼 수 있습니다. 애굽 시절의 모습은 이스라엘 백성들의 뇌리에서 사라지지 않았습니다. 애굽 시절, 1년이 가고 10년이 가도 그들은 종의 처지를 벗어나지 못했습니다. 그들의 신분은 노예였습니다. 신분증명서를 가질 수 있는 권리도 없었습니다. 늘 그 땅을 떠나고 싶어 했지만, 그곳을 떠날 수도 없었습니다. 임금계약도 없었고, 하루 8시간 노동이란 것도 존재하지 않았습니다. 경영협의회(Betriebsrat)[01]에서 노동자의 이익을 대변한다는 일도 있을 수 없었습니다. 이스라엘 백성은 그저 노예일 뿐이었습니다. 비참하고 자유가 없는 세월이었습니다.

그런데 이 모든 모습이 한순간에 사라져버립니다. 날마다 만나를 공급받았던 이 백성은 자신들이 종으로 잡혀 있었던 그 시절을 달리 보게 됩니다. 그들은 애굽의 고기 가마를 갈망합니다. 그들이 종으로 잡혀 있었던 그곳이 너무나 아름다운 곳이었다고 말합니다. 복된 땅 가나안이 목적지로 주어졌지만, 그들에겐 그 목적지를 시선에 담아둘 힘이 없습니다. 그들은 피곤해 하고 넌더리를 냅니다. 너무나 피곤하고 염증이 나서, 순식간에 종으로 잡혀 있었던 그 시절을 황금시절로 색칠하고는, 그 시절이 너무나 아름다웠다는 말을 늘어놓습니다. 그들은 자신들의 장막 앞에 앉아, 그 시절에 먹었던 생선과 오이와 참외와 부추와 파와 마늘을 떠올리며 그때가 정말 좋았다고 이야기합니다. 이제는 그것들의 냄새를 맡을 수도 없건만, 그들은 그 냄새를 예민하게 느낍니다. 그들은 생선뿐만 아니라 채소의 냄새까지도 느낍니다.

이건 어떤 의미일까요? 채식만 한다고 더 오래 사는 것은 아닙니다. 오히려 더 나이 들어 보일 뿐이지요. 이것은 제가 예전에 들은 말입니다. 저는 채식주의자의 마음을 상하게 하려는 것이 아닙니다. 저는 채식주의자의 집에서 어떤 일이 벌어지는지 압니다. 그 집에서는 아내가 이렇게 말합니다. "요하네스, 이것 좀 보세요. 밥상이 시들었어요." 그리스도를 믿는 회중이라면서 최소한 한 번이라도 유쾌하게 웃어본 적이 없었다면, 그것은 그리스도를 믿지 않은 무리입니다. 소망이 전혀 없는 다른 이들과 구별되는 사람들 속에는 진정 유쾌한 웃음이 존재하고 있기 때문입니다. 소망이 있는 사람은 기뻐합니다.

다시 본문으로 돌아가 봅시다. 이 이스라엘 백성에게는 소망이 없습니다. 그러나 경솔하게 이 백성들을 놓고 오만한 태도로 왈가왈부하지 않겠습니다. 유대인들이 잘 알고 있는 이야기가 있습니다. 그 이야기 속에서 아내는 남편에게 이렇게 말합니다. "저는 이

해를 못하겠어요. 당신, 뭐가 문제죠? 월요일에 당신은 양배추 때문에 신이 났었죠. 화요일에도 흔쾌히 양배추를 먹었고요. 수요일에는 양배추를 두 접시나 먹었잖아요. 게다가 어제는 작은 소시지도 곁들여달라고 했죠? 그런데 오늘은 왜 돌변해서 더 이상 양배추를 안 먹겠다고 하는 거죠?" 여기 이스라엘 백성들 사이에는 양배추가 없습니다. 여기에는 만나가 있지요. 우리는 만나가 어떤 것이며 그 맛이 어떤지도 들었습니다. 이 본문은 이스라엘 백성들이 아침이나 밤이나 만나를 먹었다고 우리에게 이야기합니다. 어느 때가 되자 양배추를 먹었던 그 남편과 똑같은 일이 이스라엘 백성에게도 일어났습니다. 그들은 만나를 맷돌로 갈고, 절구로 빻았으며, 단지에 담아 구워서 과자로 만들었습니다. 기름을 바른 과자 맛이 났습니다. 그들은 만나를 더 좋은 음식으로 만들어보려고 애썼습니다.

그런데 우리 중에서는 이런 말이 들려옵니다. "40년 동안 만나만 먹었다고? 하나님이 늘 똑같은 것, 그것도 꼭 필요한 양만큼 공급해주셨단 말이야? 아니, 이스라엘 백성들이 줄곧 하나님이 주시는 것만으로 살았다고?" 어떤 것에 너무 익숙해지다 보면 권태를 느끼게 됩니다. 언젠가는 그 익숙한 것에 싫증을 느끼게 되지요. 우리가 그런 사실을 확증하려고 굳이 이스라엘 백성을 주시할 필요는 없습니다. 이제 이스라엘 백성들은 불평을 늘어놓습니다.

그러나 하나님은 이스라엘 백성들이 불평했다고 그들에게 벌을 내리시지 않았습니다. 하나님은 벌을 내리시지 않고, 오히려 그들에게 이렇게 말씀하십니다. "자, 이제 너희의 목마른 노정(路程)은 지나갔으니, 기뻐하며 노래를 불러라!" 하나님은 그들을 이해하셨습니다. 아니, 우리가 이 기사를 바로 이해한 것이라면, 하나님은 자유와 종살이조차 분간하지 못하는 당신 백성을 꾹 참고 눈감아주신 것입니다. 이 백성은 그렇게 갈망했던 자유를 얻자마자 고기 가마가 그리워, 다시 종살이를 하게 해달라고 간청하기 시작합니다. 옛적 애굽 생활이 더 재미있었다며 그 시절의 종살이로 돌아가게 해달라고 간청하기 시작합니다. 하나님은 이런 백성을 꾹 참고 받아들이신 것입니다.

두 번째로, 이 기사 속에 등장하는 옛 모세의 모습이 제게는 너무나 친근하게 다가옵니다. 우리가 모세를 단지 옛날에 살았던 사람, 고생도 많이 하고 괴로움도 많았으나 큰 능력을 갖고 있었던 백성의 지도자 정도로 생각하는 것은 정말 기이한 일입니다(어쩌면 이것은 슈노어 폰 카롤스펠트[02]의 어린이 성경 덕택일지도 모릅니다). 모세는 하나님과 대화할 때 흥미로운 모습을 보여줍니다. 그 모습은 강인한 인물의 모습이 전혀 아닙니다.

"제가 이 모든 백성을 잉태하고 낳았습니까? 어찌하여 당신께서는, 젖먹이를 품에 안은 어미처럼 제 품에 이 백성을 품고, 당신께서 이 백성의 조상에게 주시겠다고 약속하신 그 땅으로 인도해 가라고 제게 말씀하신단 말입니까?" 우리는 이스라엘의 지도자인 이 사람 모세가 전혀 상처도 입지 않을 사람, 온갖 기념비를 세워 기리기에 적합한 사람이라고 생각합니다. 하지만 이 모세는 이런 우리의 생각과 전혀 다른 사람입니다. 이스라엘 백성이 더 이상 자유를 원하지 않는다는 사실은 모세의 영혼을 갈기갈기 찢어놓았습니다. 그가 이끄는 이 백성이 고기 가마를 못 잊어 애굽의 종살이 시절로 돌아가길 갈망하자 모세의 마음은 평정을 잃었습니다. 이때 이 지도자 모세는 연극 무대의 주인공에서 여러분과 저 같은 평범한 사람, 넘쳐나는 능력을 갖고 살아가는 사람이 아니라 하루하루를 근근이 버틸 정도의 힘만 가진 범인(凡人)으로 바뀝니다. 자신이 이끄는 백성들의 짐을 짊어진 이 사람은 이렇게 말합니다. "저 혼자 이 백성을 감당할 수가 없습니다. 이 백성은 제게 너무 무겁습니다."

구약의 이야기들은 모세를 가리켜 믿음의 사람이라고 말합니다. 하지만 그도 역시 의심의 사람입니다. 그는 하나님께 이렇게 간구합니다. "주께서 제게 이리 행하실진대, 제가 주의 눈에 은혜를 입었으면 제가 저의 비참한 운명을 목격하지 않도록 차라리 저를 죽여주소서." 믿음의 사람이 의심에 빠진 것입니다. 미래를 내다보던 능력은 사라져버리고 "그러실 거라면 차라리 저를 죽여주소서"라는 간구만 남았습니다. "오, 주여, 차라리 제 목숨을 거둬가소서. 이 모든 고난을 기져가소서. 저는 이 짐을 더 이상 짊어질 수가 없습니다"라는 탄식만이 남았습니다.

그때 믿을 수 없게도 하나님이 진기한 조언을 주십니다. "70명의 남자를 불러 모으라. 내가 네게 준 영을 그들에게도 주리라." 그 70명은 모두 남자입니다. 당연히 사리에 맞지 않는 일입니다

만, 여기서 이 70명이 모두 남성이라는 점을 여성들이 받아들여주
길 부탁합니다. 남성인 모세도 방금 전까지 젖먹이 이스라엘 백성
을 품에 안고 가나안으로 인도해가던 한 사람의 유모였기 때문입
니다.

　처음에 모세는 이런 생각을 했을지도 모르겠습니다. '하나님이
내게 주신 영이 뭐지? 피곤과 의심과 체념의 영인가?' 아니면 이
런 생각을 했을 수도 있습니다. '나를 여기까지 인도한 신앙의 힘
을 이제 다른 사람들도 함께 받아야 한다는 말씀인가?' 뭔가를 나
누게 되면 어떤 일이 벌어지는지 우리는 잘 알고 있습니다. 각자
에게 돌아가는 몫이 더 적어지게 됩니다. 그러나 하나님의 영은
다릅니다. 하나님의 영은 나누게 되면 더 커집니다. 기이한 수학
이지요. 아마 한 양초로 다른 양초에 불을 붙일 때 벌어지는 광경
이 하나님의 영을 나누어주는 경우와 같지 않을까 싶습니다. 일단
70개의 양초에 불을 켜게 되면, 방은 이전보다 더 어두워지지 않
습니다. 도리어 더 환해져서 사람들이 서로 알아볼 수 있을 정도
가 되지요. 양초 하나가 아니라 70개의 양초를 켜게 되면 사람들
은 어둠의 위협을 덜 느끼게 됩니다.

　하나님은 "70명의 남자를 불러 모으라"라고 말씀하십니다. 그
들에게 당신의 영을 선물로 나누어주시겠다고 말씀하십니다. 그
것은 곧 "너(모세)에게 다음 단계의 여정으로 나아갈 수 있는 힘을
줄 것이요, 너희의 자유가 완성될 마지막 목적지에 너와 네 백성
이 도달하게 될 것이다"라는 말씀이었습니다. 이런 생각이 구약을

관통하고 있습니다. 신약도 이런 생각을 받아들이고 있습니다. "후일에 네 아들이 네게 묻기를, 우리 하나님께서 명령하신 증거와 규례와 법도가 무슨 뜻이냐 하거든." 이런 질문을 아들로부터 받으면, 우리는 선뜻 사도신경을 말하며 하이델베르크 요리문답의 물음들을 이야기하게 될지도 모르겠습니다.

「신명기」는 이렇게 말씀합니다. "후일에 네 아들이 네게 묻기를, 우리 하나님께서 명령하신 증거와 규례와 법도가 무슨 뜻이냐 하거든 너는 네 아들에게 이르기를 우리가 옛적에 애굽에서 바로의 종이 되었더니 여호와께서 권능의 손으로 우리를 애굽에서 인도하여 내셨나니"(신 6:20-21). 자유가 곧 최종 목표라는 것, 그것이 바로 신앙의 핵심입니다. 자유는 제멋대로 무언가를 할 수 있다는 뜻이 아닙니다. 자유는 늘 또 하나의 구속 방식이기 때문입니다. 자유는 이 세상의 모든 세력으로부터 자유롭게 되며, 이 세상의 모든 메뉴판으로부터 자유롭게 된다는 것을 의미합니다. 그것이 바로 70명의 사람을 통해 더 광범위하게 선포되어야 할 말씀의 핵심입니다.

개신교 교회대회의 의미도 마찬가지입니다. 자유를 말하는 사람들이 더 많아지게 되는 것, 거기에 이 대회의 의미가 있습니다. 교회대회란 공중 난방실[03]이 아니라, 일종의 주유소입니다. 교회대회는 새 연료를 공급해야만 합니다. 그 대회에서 등불들에 다시 불을 붙여야만 합니다. 교회는 자신들을 위해 존재하는 것이 아니라, 하나님이 사랑하시는 이 온 세상을 위해 존재하는 것입니다.

하나님은 비단 교회뿐만 아니라 온 세상을 사랑하십니다.

이제 이 기사에서 한 가지 모습을 발견하게 됩니다. 여러분은 여기서 하나님이 냉소가 담긴 조치를 취하셨다는 사실을 깨달으셨는지 모르겠습니다. 하나님은 이스라엘 백성에게 한 달 내내 고기를 먹여주겠다고 약속하십니다. 그런 다음 메추라기들을 보내십니다. 여러분 중에는 히치콕 감독의 〈새〉라는 영화를 아시는 분들이 있을 겁니다. 여기서도 흡사 그 〈새〉와 같은 장면이 벌어집니다. 자, 이스라엘 백성 한 사람당 1미터 높이의 메추라기들이 날아왔다고 생각해보십시오. 거기에는 장정만 70만 명이 있었습니다. 말씀은 메추라기들이 두 규빗쯤 내렸다고 우리에게 정확히 알려주고 있습니다. 고기가 아직 이 사이에 끼어 있고 날아온 메추라기를 다 먹어 없애기도 전에, 또 메추라기 떼가 날아왔습니다. 이제 이스라엘 백성에게는 메추라기가 지긋지긋한 것이 되었습니다. 여기서 저는 한 가지 사실을 깨닫습니다. 이스라엘은 40년 동안 만나를 먹었고 한 달 내내 메추라기를 먹었습니다. 결국 이 기사는 그들의 욕심이 그들의 무덤을 팠다는 것을 말씀하고 있는 것입니다.

저는 지금 이스라엘의 욕심이 자신의 무덤을 팠다는 사실을 조금은 풍자만화 비슷하게 묘사하였습니다. 이 본문 이야기를 읽음과 동시에, 우리 입에서 이런 말이 흘러나오기 시작할 위험성이 있기 때문입니다. "정말 당연한 결과네. 이스라엘 이 친구들, 우리처럼 만나로 만족했어야지, 왜 욕심을 부리나? 이게 무슨 꼴이냐

고? 메추라기를 먹어 없애려다 사람이 죽고 말겠네." 하긴, 복음
송가에 "우리는 외로운 순례자나, 적은 것으로도 기뻐하네"[04]라는
가사가 있긴 합니다.

문제는 우리가 이 본문 이야기를 읽으면서도 '하나님이 격분하
신 것은 이스라엘 백성들이 하나님께 너무나 오만불손하게 굴었
기 때문'임을 아주 빨리 깨닫지 못한다는 것입니다. 만일 우리가
그렇게 빨리 깨달았다면 아마 이렇게 말할 것입니다. "아무리 적
게 가졌더라도, 이스라엘 백성들은 진정 자기 분수를 알고 만족해
야 하는 거야. 자신들이 처음에는 어떤 처지였는지 깊이 생각해야
지. 우리도 마찬가지야. 우리 역시 이전에는 더 힘들었다는 것을
먼저 생각해야지." 우리는 지금도 동쪽과 서쪽[05]을 가르고, 제1세
계(선진국)와 제3세계(후진국)를 가르는 오랜 올무에 붙잡혀 있습
니다. 우리는 통일된 독일연방공화국에 들어온 새 란트들[06]을 독
일 내의 작은 제3세계로 만들고 있습니다. 그러면서 우리는 (가난
한 옛 동독 출신 동포들에게 그들을 위로해준다며) 이렇게 말합니다.
"만나 다음에 곧바로 메추라기가 오는 게 아니라오. 하지만 그 만
나라도 차곡차곡 모으면 티끌 모아 태산이 될 거요."

우리가 무시무시한 소비와 사치를 그만둔 것은 옳은 일입니다.
우리가 서로 돕고, 낭비가 우리 삶의 양식과 삶의 체계가 되지 않
은 것은 옳은 일입니다. 애초에 우리는 독일연방이 염두에 두었던
복지사회 건설의 책임자가 아니었습니다. 그렇다고 미(美)와 선
(善)과 복지를 구더기로 만드는 것 역시 우리가 부여받은 명령이

아닙니다. 하지만 과연 우리가 그 복지라는 것 때문에 속박 당했던 그 시절을 잊거나, 아예 그 시절을 황금시절로 미화하고, 우리를 속박했던 그 세계로 돌아가며, 속박과 종살이를 힘써 얻을 만한 가치가 있는 목표로 여기는 동시에, 자유라는 것을 아무것도 아닌 것처럼 내팽개치고 내던져버리는 것이 옳은 일인지 의문이 듭니다. 저는 그것이 이 본문이 우리에게 던지는 질문이라고 생각합니다. 우리는 과연 연방 대통령이나 유명한 정치가들이 말하는 것을 제대로 해석하고 있는 걸까요? 나뉨(Teilung)은 나눔(Teilen)을 통해 극복됩니다. "선을 행하고 나누는 것을 잊지 말라. 특히 믿음의 공동체(형제들)에게 그리하는 것을 잊지 말라"(딤전 6:18, 히 13:16, 갈 6:10)라고 성경은 말씀합니다.

우리의 모습은 어떻습니까? 생선과 오이와 참외와 부추와 파와 마늘이 기록된 애굽의 식단이, 만나와 메추라기보다 우리에게 더 가깝습니까? 우리의 모습은 어떻습니까? 모세는 하나님과 이스라엘 백성을 이어주는 (문의 경첩 같은) 중개자의 자리를 탐하지 않았습니다. 어느 날 하나님이 그를 그 자리에 세우셨던 것이지요. 그는 의심이 들 때도 자신의 믿음을 내던지지 않았으며, 하나님을 믿을 때도 의심이 생기면 그 의심을 숨기지 않았습니다. 우리는 과연 모세가 했던 그 역할을 제대로 하고 있는 사람들입니까? 여기, 정녕 죽기만을 원하는 게 아니라 사는 것에 지친 사람이 있습니다. 그는 삶에 염증이 나 있고, 삶에 권태를 느끼고 있습니다. 그런 사람은 이렇게 이야기할 수도 있었습니다. "나는 이미 고생을 너무 많이 했어. 이제는 다른 사람들이 고생할 차례야. 이제까지 내가 지대(地代)를 다 부담했으니, 이제는 다른 이웃들이 한 번쯤은 감당해야지." 그러나 그는 그렇게 말하는 대신, 이렇게 말합니다. "하나님이시여, 당신께서 제 어깨 위에 지워놓으신 이 백성을 내던지시기 전에 먼저 제 생명을 취하소서." 모세라는 이 사람이 신경질도 낼 줄 알고 감정도 있으며 복강신경다발(Solarplexus)을 가진 사람임을 알아차리려면, 우리는 그를 기념비로부터, 그리고 연단에서 끌어내려야 하고, 대리석 칠을 한 그에게 조금이나마 생채기를 내야만 합니다. 모세도 우리와 성정(性情)이 같은 사람입니다. 그러나 동시에 그는 이스라엘 백성들의 반역을 태만히 보아넘기지 않았던 지도자였습니다. 물론 이스라엘이 거짓 메뉴판을 선택했다는 것 자체가 반역은 아니었습니다.

나중에 바울과 베드로는 대체 누가 무엇을 먹을 수 있는가를 놓고 다투었습니다. 또 바울은 사람이 먹는 그것이 아니라, 사람이 말하는 그것이 그 사람을 이런저런 사람으로 만든다는 것을 거듭거듭 이야기하려고 하였습니다. 사람이 밖으로 내보내는 것이 사람이 밖에서 받아들이는 것보다 더 중요합니다. 이것은 비단 먹고 마시는 것에 국한되는 이야기가 아닙니다. 율법은 끝이 났고, 자유는 썩기 시작했습니다.

그렇다면 이 말씀은 옛적 이스라엘 사람들이 이러했다고 우리에게 일러주는 것일까요? 혹시 우리야말로 종살이하던 그 시절을 그리워하고 애굽의 메뉴판을 갈망하던 바로 그 백성임을 일러주는 것은 아닐까요? 결국은 질려서 현기증을 느낄 정도로 너무나 빈번하게 변화, 변화를 요구하는 우리가 바로 그 이스라엘 백성이 아닐까요? 1입방미터나 쌓인 메추라기는 정말 말 그대로 기름을 바른 과자 맛이 나는 만나만큼이나 사람을 짓누르고 우울하게 합니다. 사람들은 싫증이 났습니다. 우리가 광야로 들어가는 것은 그 광야를 사랑하기 때문이 아닙니다. 그 광야 길을 통과해야 비로소 자유라는 젖과 하나님의 사랑이라는 꿀이 있는 그 땅으로 들어갈 수 있기에 그 광야로 들어가는 것입니다. 그것이 하나님의 약속입니다.

바울은 이 광야 여정을 염두에 두고서 "내가 이미 얻었다 함도 아니요 온전히 이루었다 함도 아니라. 오직 내가 그리스도 예수께 잡힌바 된 그것을 잡으려고 달려가노라"(빌 3:12)라고 말합니다. 그는 이 광야 여정을 생각하며—로마서에서 말하듯이— 피조물들이 간절한 심정으로 하나님의 아들들의 나타남을 학수고대한다(롬 8:19)고 말합니다. 여러분, 소망이 없는 사람처럼 살지 마십시오. 오늘 하루에 매인 채 전전긍긍하며 살지 마시고, 장차 임할 그 날을 앙망하며 사십시오. 아우구스티누스는 그날을 두고 이렇게 말합니다. "하나님은 우리가 어느 한 날도 소홀함이 없이 전심을 기울여 살게 하시려고 바로 그 한 날을 우리에게 숨기셨습니다."

제가 바로 이해했다면, 이것이 바로 「민수기」 속에 있는 이 까다롭고 다루기 힘든 사실(史實)의 의미요, 하나님이 골라 뽑으신 그 백성, 정말 허다하게 자신들이 진 짐에 짓눌려 "하나님, 다른 백성들을 뽑으실 수도 있으셨잖아요? 왜 하필 우리를 뽑으셨어요?"라고 투덜대는 그 백성의 사연이 지닌 의미입니다.

우리는 이스라엘 백성들이 던진 이 물음 속에서 자주 배어나오는 절망을 십분 이해합니다. 그러나 나는 우리가 소망이 저기 있음을 알려주는 불빛도 공유하기를 바랍니다. 이 불빛은 우리가 나아갈 방향을 제시해주고, 우리가 걸어가는 이 길이 안전하면서도 즐거운 여정이 되도록 도와줍니다. 위장병에 시달리는 것처럼 보이는 그리스도인들이 있습니다. 그들의 얼굴에는 '영혼의 위통(胃痛)'이 존재합니다. 많은 그리스도인들의 우울함은 오해에서 비롯되었습니다. 이런 우울함은 마치 이 세상에는 나쁜 일이 전혀 없고 하루하루가 오로지 빛나는 태양만 있는 것처럼, 호플라-홉(Hoppla-hopp)[07]이나 하고 체면은 내던진 채 즐거이 논다 하여 사라지는 게 아닙니다. 이스라엘 백성들을 보십시오. 광야에서 40년 동안 만나를 먹었지만, 그들의 40년에는 또한 빛나는 태양만 있지 않았습니까? 하지만 그 태양빛 때문에 결국 그 광야는 너무나 메마른 곳이 되지 않았습니까?

우리가 이 세계를 그린 게 아니라, 하나님이 이 세계를 우리에게 선물로 주셨습니다. 이어서 그 속에 있는 아름다운 것들, 하늘과 땅의 모든 아름다운 것들도 이루어졌습니다. 그렇지만 모든 흉터, 모든 상처, 모든 고통도 더불어 나타났습니다.

저 쿠르드족[08]이 사는 오늘날의 광야들, 이번 달에도 수십만의 사람들이 무시무시한 전쟁에서 목숨을 잃은 저 땅들은 생각지도

않는 사람이, 대체 어떻게 1991년 루르 교회대회를 열거나 애굽
에서 약속의 땅으로 나아가는 여정을 서술한 이 이야기를 읽을 수
있겠습니까? 우리는 오로지 우리가 사는 이 조그만 광야에서 일
어나는 일만 책임지면 되지, 자유를 외치는 저 발트 해 연안 국가
들에서 일어나는 일[09]이나 정의를 외치는 저 자헬 지역(Sahel-
Zone)[10]과 중앙아시아와 중동에서 일어나는 일은 우리와 상관없
다고 말하는 사람이, 대체 어떻게 이 대회를 열거나 애굽에서 가
나안 땅으로 나아가는 여정을 서술한 이 이야기를 읽을 수 있겠습
니까? 우리가 하나님 말씀을 지향한다면 우리는 진정 이 세상의
초점을 분명히 깨닫게 될 것입니다. 우리가 하나님 말씀을 지향한
다면, 우리는 이 세상의 고통과 슬픔에 예민한 사람이 되어 이 세
상의 올바른 초점을 인식하고, 마이애미와 플로리다뿐만 아니라
고통과 비탄과 죽음이 뒤덮은 섬들도 있음을 알게 될 것입니다.

우리가 성경 말씀에 가까이 다가갈수록 우리 신경(정신)은 더욱
더 적나라한 모습을 드러내고, 우리는 더욱더 민감해집니다. 우리
가 성경 말씀에 가까이 다가갈수록, 우리는 은혜롭지 않아 보이는
하나님과, 우리 역시 그 일부인 투덜대고 짜증 부리는 백성 사이
에 전개되는 긴장에 더욱더 깊이 빠져들게 됩니다. 그러나 우리가
나눔을 연습하게 되면 우리가 나눈 기쁨이 두 배의 기쁨이 되는
일이 벌어집니다. 하나님은 당신만의 독특한 이자계산법으로 우
리가 다른 사람들에게 베풀어준 것에 이자를 붙이십니다. 사람들
이 살아가는 것은 세상이 본디 그들에게 기대하는 것보다 조금은

더 많이 행하는 사람들이 있기 때문입니다. 말하자면 (누구나 다 질려서 손도 대지 않는 탓에 썩어만 가는) 메추라기를 제거하는 사람들이 있기 때문이지요. 이 세상 사람들이 살아가는 것은, 광야가 그들의 유일한 무대가 아니라 그 광야 여정 너머를 바라보기 때문입니다. 모세는 마지막 발걸음을 내딛지 못했습니다(신 34장). 그러나 그가 이끌었던 이스라엘 백성은 큰 빛[11]을 보았습니다. 우리 시대도 마찬가지입니다. 우리가 우리 양초에 불을 붙일 때, 그 불빛은 저 흑암의 땅에 사는 사람들까지 환하게 비출 수 있습니다.

| 주 |

01. 독일연방공화국 기본법(우리나라의 헌법에 해당한다)이 표방하는 사회민주주의 정신에 따라, 기업 경영에서 노사의 공동 참여와 결정을 보장하고자 각 기업체에 설치된 조직체다.

02. 1794년에 태어나 1872년에 세상을 떠난 독일 낭만주의 시대의 화가. 아버지, 형과 더불어 세 부자가 모두 화가로 유명하였다.

03. 집이 없는 사람들이 추운 계절에 추위를 피할 수 있도록 난방 장치를 설치해놓은 공간.

04. 독일과 오스트리아에서 사용하는 복음송가 393장 4절 가사 가운데 일부. 이 곡의 가사는 독일 경건주의 계열의 신학자이자 목회자였던 게어하르트 테어스테겐(Gerhard Tersteegen, 1697-1769)이 쓴 것이다. 곡의 제목은 '자, 자녀들이여, 순례의 길을 떠나자(Kommt, Kinder, lasst uns gehen)'이다. 4절은 "사람은 순례자처럼 여행해야 하네. 자유롭게, 맨몸으로, 정말 빈손으로"라는 가사로 시작한다.

05. 독일 통일이 이루어지기 전만 해도, 동쪽은 옛 소련을 중심으로 한 동구 공산 진영, 서쪽은 서방 진영(또는 동독과 서독)을 가리키는 말이었다. 그러나 라우 대통령이 이 설교를 했던 1991년에는 이미 독일 통일이 이루어졌다. 통일 이후 독일에서는 옛 서독 지역의 주민들이 옛 동독 지역의 주민들을 천대하고 박대하는 일이 벌어졌다. 옛 동독은 동구 공산 진영에서는 잘 사는 나라였지만, 서독에 비하면 1인당 GDP가 3분의 1에 불과했기 때문에 생활 수준이 훨씬 낮았다. 이 때문에 동서 간의 지역 감정이 나타나고, 옛 동독 주민들 사이에서는 통일 이전이 더 좋았다는 말까지 떠돌게 되었다.

06. 1990년에 독일 통일이 이루어지면서 옛 동독 지역인 5개 란트가 새로 연방공화

국에 편입되었다. 이로서 통일 독일은 모두 16개의 란트로 이루어지게 되었다.

07. 개, 곰 등 동물 모양의 나무 인형을 단단한 줄에 꿰어 가지고 노는 어린이 교육용 장난감으로 독일에서 고안되었다.

08. 터키, 이라크, 아르메니아, 아제르바이잔 등에 사는 민족. 독립 국가를 세우려는 과정에서 그들이 사는 나라로부터 모진 탄압을 받았다. 최근에 이라크 북부에 자치 정부를 수립하였으나 이를 인정하지 않으려는 터키와 이라크로부터 협공을 받고 있기도 하다.

09. 2차 대전 이후 옛 소련에 강제 합병되었던 발트 해 연안 3개국 리투아니아, 라트비아, 에스토니아는 1991년에 소련으로부터 독립하였다. 이 과정에서 특히 200만이 넘는 3개국 국민들이 함께 세 나라 수도를 이은 인간 띠를 만들어 독립과 자유를 요구한 1989년 8월 23일의 '발트의 길 만들기'는 이 세 나라의 독립 의지를 평화롭게 천명한 시민의 힘을 보여준 대사건이었다.

10. 아랍어로 '사힐(Sahil)'이라 불린다. 북쪽은 사하라 사막 남부, 남쪽은 아프리카 중부의 사바나 북부, 서쪽은 세네갈, 동쪽은 수단에 이르는 지역이다. 근래에 이 지역에서는 가뭄과 종족 또는 국가 사이의 분쟁 때문에 수많은 사람들이 굶주려 죽거나 학살당하는 참극이 벌어졌다.

11. 모세라는 인물이 상징하는 희생과 헌신, 사랑을 의미할 것이다.

선을 구하고, 악을 구하지 말지어다

1993년 5월 29일 부퍼탈에서 한 설교

여호와께서 이스라엘 족속에게 이와 같이 말씀하시기를, "너희는 나를 찾으라. 그리하면 살리라. 벧엘을 찾지 말며 길갈로 들어가지 말며 브엘세바로노 나아가지 말라. 길갈은 반드시 사로잡히겠고 벧엘은 비참하게 될 것임이라" 하셨나니, 너희는 여호와를 찾으라. 그리하면 살리라. 그렇지 않으면 그가 불같이 요셉의 집에 임하여 멸하시리니, 벧엘에서 그 불들을 끌 자가 없으리라. 정의를 쓴 쑥으로 바꾸며 공의를 땅에 던지는 자들아 …… 너희는 살려면 선을 구하고 악을 구하지 말지어다. 만군의 하나님 여호와께서 너희의 말과 같이 너희와 함께 하시리라. 너희는 악을 미워하고 선을 사랑하며 성문에서 정의를 세울지어다. 만군의 하나님 여호와께서 혹시 요셉의 남은 자를 불쌍히 여기시리라.

(아모스 5:4-7, 14-15)

당신이 왕으로서 다스리심을 우리에게 보여주소서.

우리의 불안과 의심을 잠재워주소서.

오직 당신만이 온전히 의로우십니다.

주여, 우리로 침묵하게 하옵시고 당신만이 말씀하옵소서.

두 시간 전 저는 한 목골가옥(木骨家屋) 앞에 서 있었습니다. 그
가옥은 완전히 불타 사라졌습니다. 폐허로 변한 그 집 속에서 다
섯 사람이 죽었습니다. 그들은 터키 사람들입니다.[01] 그들은 여기
서 스무 해 이상을 살았습니다. 그들이 그 집을 산 것도 10년이 넘
었습니다. 삼대(三代)가 흐르는 동안 그들은 우리 가운데 일원이
되었습니다. 졸링언에 있는 아름답고 평온한 거리에 정착을 한 것
입니다. 그 거리에는 한 가족이 모여살기에 적당한 집들이 많습니
다. 그 중의 한 채가 불타 없어진 겁니다. 그 집의 모습은 마치
1943년 5월 30일,[02] 그곳에서 불타 없어진 수천 채의 가옥들처럼
보입니다.

50년 전 그날의 기억을 떠올리며 이야기한다는 것은 힘든 일입니다. 때문에 사람들은 오늘 여기 베르기슈 지방, 졸링언에서 벌어지는 일들만을 이야기하고 싶어 합니다. 그런가 하면 오늘 보스니아-헤르체고비나에서 벌어지는 일들을 말하고 싶어 합니다.[03] 유고슬라비아는 이전에 독일 사람들이 가장 좋아하는 휴양지였습니다. 하지만 우리에게는 날마다 그곳으로부터 무시무시한 사진들이 집으로 배달되고 있습니다. 그 사진들을 본 우리들은 매일 화가 나서 무언가를 하고 싶어 하지만, 정작 우리가 할 수 있는 것이 무엇인지는 모릅니다. 군인들은 이렇게 이야기합니다. "거기에 관여할 수도 없고, 관여할 필요도 없습니다." 많은 그리스도인들은 이렇게 말합니다. "폭력이라는 수단으로 폭력에 맞서 싸울 수는 없습니다." 그렇다면 우리는 무엇을 해야만 합니까?

우리 가운데에는 며칠 전 여기까지 오면서 50년 전의 그 밤을 생생히 기억하는 사람이 많았습니다. 50년 전 그날의 그들처럼, 저도 세당 가(街)[04]의 불을 *끄고자* 물속에 서서 물통을 다음 사람에게 건네주었습니다. 마분지로 만든 저희의 신발은 30분이 지나면 온데간데없이 사라져버렸지요. 우리 어린이들은 며칠 뒤 아스팔트에 발자국을 남겨놓았습니다. 신발 자국이 아니라 맨발 자국을! 저는 이날 밤 그리고 이날 아침에 있었던 일을 세세히 기억할 수 있습니다. 저도 적당한 기회만 주어지면 예전에 일어난 일을 즐겨 이야기하는 사람 중 하나입니다. 저는 세당 가의 불을 끈 때로부터 넉 주가 지난 뒤인 6월 25일에 엘버펠트에서 일어난 일을 생생히 기억합니다. 그리고 그로부터 2년 뒤, 2차 대전이 끝나기 직전인 1945년 3월 13일에 일어난 일 역시 생생하게 기억할 수 있습니다. 그때 저는 언젠가는 기필코 그 전쟁이 끝날 것이라고 믿었습니다. 그리고 마침내 전쟁이 끝나는 그날이 왔습니다. 그날 저는 이렇게 말했습니다. "다시는 전쟁이 없어야지!"

그러나 유럽에서 2차 대전이 막을 내린 1945년 5월 9일 이후에도 우리가 사는 세상에서는 여전히 전쟁이 되풀이되었습니다. 그것도 수백 번이나! 이제 전쟁은 아예 선전포고도 없이 계속되고 있다고 어느 여류 시인은 말했습니다. 바르멘에서 졸링언에 이르는 길은 가까운 거리입니다. 2차 대전 당시 그 길에는 영국군의 폭격이 있었지만, 오늘날 그곳에는 독일인들이 옹기종기 모여 살고 있습니다. 그곳에서는 많은 사람들이 단골 식당에 앉아 부퍼탈을 코번트리와, 드레스덴을 레버쿠젠과 비교합니다.[05] 그들은 비교해보고 또 비교해보면서도, 정작 이 사건들이 우리에게 무엇을 의미하는지 묻지는 않습니다. 우리는 그 전쟁에서 살아남았고 그 시절을 함께 보냈습니다. 그러나 지금 젊은이들 중에는 위험에 빠진 이들이 더욱더 늘어나고 있습니다. 그들은 다리를 놓는 대신 적(원수)의 형상을 만들어 세우고 참호를 파고 있습니다.[06] 우리의 경우에 단순히 자신이 겪은 고통을 기억하는 날보다 적의 형상을 만들어 세우고 참호를 파는 날이 더 많지는 않은 건지 의문이 듭니다.

우리가 시청 앞 뜰이나 집이나 비행기 안에서 모이지 아니하고 여기 게마르커 교회에 모인 것은, 50년 전 그리고 오늘, 여기 졸링언과 횡서 그리고 로스톡[07]에서 벌어진 이해할 수 없는 고통을 인간의 말보다 더 잘 설명해줄 수 있는 것이 있는지 우리 자신에게 물어보기 위함입니다.

우리가 아모스 선지자의 말에 귀를 기울이려고 하는 것은 바로 그 때문입니다. 그의 말 속에는 어느 누구도 끌 수 없는, 만물을 살라버리는 불같은 말씀이 들어 있습니다. 그 불에서 뿜어져 나오는 불빛은 마치 사람들이 50년 전에 루르 지역에서 볼 수 있었던 불빛이나 지난 밤 졸링언에서 본 불빛과 흡사합니다. 당대에 가장 통렬한 비판자 가운데 하나였던 아모스 선지자가 이런 광경, 아니 이런 현실을 보았다면 우리에게 이렇게 물을 것입니다. "대체 너희는 그때 어디에 있었느냐? 대체 너희는 그때 무엇을 하였느냐? 너희는 대체 평화와 문명과 인간성이 산산조각 나고 서로 한 몸이 되어 살아가는 것이 거의 불가능하게 된 이 시대에 무엇을 하고 있단 말이냐?"

평화와 문명과 인간성을 지키며 서로 한 몸이 되어 살아가는 공동체의 형상은 이미 바람에 날아가버렸습니까? 우리는 이미 그것들을 잃어버린 건가요? 50년 전 그날 밤, 바르멘과 론스도르프에서 3,400명이 죽었습니다. 당시 영국이 제시한 통계는 엘버펠트를 엄습하였던 죽음의 고통을 적나라하게 보여줍니다. 당시 영국은 2,253발의 고성능 파열폭탄, 27만 발의 소이탄, 2만 발의 인탄을 사용하였습니다.[08] 그것은 부퍼탈 역사에서 엘버펠트를 불태운 1687년의 대화재 이후 가장 처참한 재앙이었습니다. 이

숫자들은 그저 재앙의 총계가 아닙니다. 오히려 광경 하나하나, 가옥 하나하나, 거리 하나하나, 그리고 한 사람 한 사람의 운명이 사라지고 불타 없어졌으며 죽임을 당하였습니다. 당시 우리는 그 참상에 너무 놀라 아무 말도 할 수 없었습니다. 많은 사람이 그 참상을 보며 눈물을 흘리고 비탄에 빠졌습니다. 영국 공군 사령관이었던 아서 해리스 경[09]은 이런 말을 했습니다. "적으로 하여금 방어 수단을 여기저기 분산시킬 수밖에 없도록 만들려면, 우리는 기회가 올 때마다 부퍼탈처럼 한 도시를 완전히 쓸어버려야 한다." 그가 이렇게 말할 수 있었던 시대는 대체 어떤 시대였던가요? 그 시대는 단지 먼 옛적에 살았던 어떤 군인의 모습만 보여주고 있는 게 아닙니다. 도리어 그 시대는 전쟁을 벌이려는 의지, 다른 이에 맞서 싸움을 벌이려는 마음이 가득하던 시대였습니다.

그러나 그런 의지, 그런 마음은 1943년 5월 30일이나 5월 29일에 시작된 것이 아닙니다. 그런 의지, 그런 마음은 1939년 9월 1일[10]에 시작되었습니다. 그러나 더 정확히 진실을 꿰뚫고 있는 사람은 1933년 1월 30일[11]도 공포의 역사에서 중간 지점에 불과하다는 것을 알고 있습니다. 공포의 역사는 그 이전에 이미 시작되었으니까요. 이미 오래전부터 사람들은 독일 사람과 독일인 이외의 사람들, 우리와 우리 이외의 사람들, '고귀한 사람들'과 '살 가치가 없는 사람들'[12]을 구별하였습니다. 형언할 수 없는 공포가 1933년 이전부터 이미 시작된 것이지요. 사람들의 머릿속에서는 이미 이 민족 학살이 진행되고 있었던 것입니다. 나치당이 정권을 잡고 있던 12년 동안에 비로소 이민족 학살이 시작된 게 아닙니다.

아모스 선지자는 당대에 그 사회를 비판한 인물들 가운데 어느 누구보다 위대하고 중요한 사람이었습니다. 아모스는 타락한 당시 사회, 권력과 이윤만이 전부처럼 보이던 시대, 정의는 옛날이야기가 되어버린 시대, 오로지 자신의 이익만을 생각하고 의와 인간다움은 쓰레기처럼 내어버린 사회를 통박하였습니다. 그러나 그 사회의 모습은 지금까지도 거듭거듭 되풀이되고 있습니다.

사람들이 기꺼이 히틀러와 로젠베르크,[13] 괴벨스[14]와 괴링[15]이 늘어놓는 거짓 이야기들에 귀를 기울이던 시절, 우리에게 아모스 같은 사람은 필요 없지 않았습니까? 자신들을 현대인으로 여기던 나치 시대 사람들은 모세와 아브라함, 이사야와 예수의 옛 역사를 더 이상 자신들과 관련된 역사로 받아들이려 하지 않았습니다. 성경은 그런 사람들을 가리켜 넓은 길을 가는 사람들이라고 말씀합니다. 평화와 의는 묻지 아니한 채, 어떻게 해야 성공할 수 있으며 어떻게 해야 남보다 앞설 수 있는지만 묻는 사람들이라는 것이지요. 우리 중에는 이것이 현실임을 너무나 늦게 깨달은 사람이 많습니다.

그러나 아모스는 모든 것을 살라버리며 어느 누구도 끌 수 없는 불이 벧엘에만 있다고 말하지 않습니다. 그 불은 부퍼탈에도 있었습니다. 특별히 많은 사람들이 하나님의 선택을 받은 곳이라고 여겼던 그 부퍼탈에서도 그 불을 끌 수 있는 사람은 없었습니다. 하지만 아모스는 이 불만을 말하는 게 아닙니다. 그의 설교는 사람들이 하나님에게서 벗어날 수도 있다는 점을 경고하고 있습니다. 아울러 그렇게 하나님에게서 벗어나는 일이 비단 과거의 일만은 아니라는 점을 일러주고 있습니다.

"너희는 살려면 선을 구하고 악을 구하지 말지어다. …… 너희는 악을 미워하고 선을 사랑하며 성문에서 정의를 세울지어다." 아모스는 바로 우리에게 이렇게 말하고 있습니다. 우리에게 말하고 있는 이 아모스는 궁정 설교자가 아닙니다. 그렇다고 일반 백성들에게 환영받는 사람도 아니었습니다. 그는 그 시대의 환부를, 그 시대뿐만 아니라 우리 시대에도 엄존하는 사회의 불의를 가차없이 질타한 사람이었습니다.

아모스는 다른 사람을 희생시켜가며 자신의 살 길만 모색하는 사회에 심판이 임할 것이라고 말합니다. 그런 사회에서는 높은 사람들이 힘없는 소시민들을 짓밟고 위로 올라갑니다. 그러나 그렇게 짓밟아도 그들은 겨우 조금 올라갈 뿐입니다. 그런 사회에서는 부자들이 민중들을 늑탈하고 자신의 삶을 사치와 낭비에 '아낌없이 내어줍니다.' 아모스 시대의 시대정신은 이미 이랬습니다. '오늘이라는 기회는 단 한 번뿐이다(Nutze den Tag).'[16] 이 격언은 우리에게 익숙하지 않습니까? 이것은 우리 시대의 표어이기도 하지 않습니까?

문제는 엄청나게 늘어만 갑니다. 그러나 그 문제들을 해결할 수 있는 우리의 능력은 늘어나지 않습니다. 우리 일상에 만연한 물질만능주의, 도무지 만족을 모르는 소비의 쾌락, 우리를 휘어잡

은 자아실현의 이데올로기들, 실패할까 봐 불안해하는 마음은 진
정 중요한 문제이지만, 우리는 이를 해결하지 못하고 있습니다.

'우리가 회개하지 아니하면, 우리가 새 길로 가지 아니하면, 우
리의 미래와 자손들은 실패하고 말 것입니다.' 이런 말을 하려고
굳이 선지자가 될 필요는 없습니다. 오늘날 재앙은 아주 다양한
이름을 띠고 나타나고 있습니다. 오존층의 구멍과 기상이변, 기아
와 곤궁, 고문과 불의가 바로 그런 재앙입니다.

요한 크리스토프 블룸하르트[17]는 일찍이 이런 말을 했습니다.
"예수, 그분은 빈곤과 죄악과 곤궁에 용감히 맞서신 하나님이시
다." 하나님은 단지 우리 각 사람을 하나님과 갈라놓는 죄악에만
맞서시는 게 아닙니다. 그분은 빈곤과 곤궁 같은 것으로 사람들을
불평등하게 만드는 여러 관계들에도 맞서십니다. 살인자, 범죄자
들도 사실 희생자들입니다. 우리 가운데 많은 사람들이 침묵을 통
해 그리고 태도를 통해 살인자와 범죄자가 늘어가는 것을 함께 돕
고 있기 때문입니다.

아모스는 그런 재앙들이 우리의 운명이 아니며, 아무리 벗어나
려고 해도 벗어날 수 없는 숙명처럼 우리를 엄습한 것이 아니라,
도리어 오늘 우리 자신이 뿌린 씨앗의 열매라는 것을 일깨워주고
있는지도 모릅니다. 그렇기에 그는 이렇게 말합니다. "너희는 '여
호와'를 찾으라. 그리하면 살리라." 그렇기에 하나님은 모든 것을
살라버리는 불을 하늘에서 비처럼 내리실 뿐만 아니라, 우리에게
새 지평을 열어주시고, 공동체를 세워주시며, 우리에게 힘과 용기

를 주시고, 우리에게 당신의 영을 부어주시겠다고 약속하셨습니다. 하나님의 영은 개신교회에서나 가톨릭교회에서나 똑같이 한 영입니다. 50년 전 공습을 알리는 경보 막대기 소리가 울려 퍼질 때에도 하나님은 이 두 교회를 구별하시지 않았습니다. 하나님이 약속하신 영은 자의(恣意)가 아니라 온유한 마음과 관련되어 있습니다. 우리는 이 자의를 다정다감한 마음이나 온유한 마음과 혼동할 때가 종종 있습니다.[18]

하나님은 그런 영을 주시겠다고 약속하셨습니다. 우리는 성령강림절(오순절)이 되면 이 영에 관하여 설교합니다. 이 영은 만군의 하나님이 요셉의 집에서 남은 자들에게 은혜를 베풀어주실 것이라는 소망을 우리에게 안겨줍니다. 그러나 이 영이 사람들에게 임하면 뭔가 움직임이 있고 변화가 일어납니다. 사람들은 그 변화에 주목합니다. 그 변화 때문에 사람들은 우리를 보고 배웁니다. 우리의 기쁨, 기꺼이 웃는 우리 모습을 보고 배웁니다. 우리는 '눈물로 씨를 뿌리는 사람들은 기쁨으로 거두리라는 것'을 알아야만 합니다.

그래서 하나님은 이렇게 말씀하십니다. "너희는 살려면 선을 구하고 악을 구하지 말지어다. 만군의 하나님 여호와께서 너희의 말과 같이 너희와 함께 하시리라. 너희는 악을 미워하고 선을 사랑하며 성문에서 정의를 세울지어다. 만군의 하나님 여호와께서 혹시 요셉의 남은 자를 불쌍히 여기시리라."

| 주 |

01. 독일에는 터키에서 온 이민자들이 많다. 근대 터키 건설의 아버지인 케말 파샤 시대 때부터 터키는 독일제국을 국가 건설의 모범으로 삼았으며, 1차 대전 때도 독일과 동맹을 이뤄 연합국에 대항했을 정도로 독일과 긴밀한 관계를 유지하였다. 라우 대통령이 설교한 이날, 터키 이민자들 때문에 독일인들이 직장을 잃는다고 주장하는 독일 극우주의자들이 터키계 독일인인 겐크가 살고 있던 집에 불을 질러 그 가족 다섯 명이 죽임을 당하는 참화가 벌어졌다. 이 참사를 목격한 라우 대통령은 이 설교를 통해, 외국인 배척을 외치며 그들을 공격하고 죽이는 신나치주의나 극우파의 행동이 과연 하나님 앞에서 올바른 것인지 독일인들에게 묻고 있다.

02. 라우 대통령은 언급하는 이날은 폭격기 1,000여 대를 동원한 영국 공군의 대량 폭격으로 독일 루르 공업지대가 불바다로 변한 날이다. 그러나 2차 대전사를 확인해보면 그날은 1943년 5월 30일이 아니라 1942년 5월 30일이다. 아마도 라우 대통령은 졸링언에서 독일 극우파들이 터키계 이민 가정을 습격한 사건으로 5명의 무고한 인명이 희생당한 사건에 충격을 받은 나머지 1942년을 1943년으로 착각한 듯하다. 이날 영국 공군의 공습으로 루르 공업지대의 공장 250개가 파괴당하고, 5만여 명의 시민들이 죽거나 부상당하거나 집을 잃었다.

03. 1991년 이후 구 유고슬라비아를 구성하였던 6개 자치 공화국이 독립하는 과정에서 세르비아계와 다른 민족 간에 내전이 일어났다. 보스니아-헤르체고비나에서도 이슬람계와 크로아티아계가 분리 독립하려 하자, 세르비아계가 반발하며 내전을 일으켰다. 세르비아계는 '인종청소'라는 이름의 대량학살을 자행, 온 세계의 공분을 불러일으켰다. 그 결과 미국과 유럽연합이 군사 개입을 단행하여 인종청소의 주동자 '슬로보단 밀로세비치' 신유고연방 대통령을 전범 법정에 세우는 것에는 성공했지만, 이곳은 여전히 분쟁 지역으로 남아 있다.

04. 세당은 프랑스 동부에 있는 곳으로서, 1870년 프로이센-프랑스 전쟁 당시 프로이센군이 프랑스군을 격파한 곳이다. 프로이센은 여기서 승리함으로써 프랑스의 항복을 받아내고 독일 통일의 장애물을 모두 제거하였다.

05. 코번트리는 2차 대전 당시 영국의 군수 공장이 밀집해 있던 도시였다. 1940년 11월 14일, 500여 대에 이르는 독일군 폭격기가 15만 발이 넘는 소이탄과 고성능 파열폭탄을 퍼붓는 바람에 도시 전 지역의 90퍼센트가 파괴되는 대참화를 입었다. 영국은 이에 맞서 장거리 폭격기로 독일 전 지역에 대량 폭격을 가한다.

06. 젊은이들 사이에서 화해와 평화가 아니라 독일 민족주의와 외국인 배척을 외치는 신나치주의가 득세하는 것을 경고하는 말이다.

07. 이 로스톡에는 영국의 코번트리를 공습할 때 독일군이 사용한 하인켈 폭격기의 제조 공장이 있었다. 영국은 나중에 이곳을 보복 폭격하여 엄청난 피해를 입힌다.

08. 소이탄은 순식간에 불이 붙게 함으로써 폭격 목표물 주변 지역의 온도를 올라가게 한다. 그러면 뜨거워진 주위 대기가 갑자기 공중으로 상승하면서 그 아래로 화염 폭풍이 몰아쳐 모든 것을 살라버리게 된다. 인탄(燐彈)은 혈액과 반응하여 인체를 태워버리는 폭탄이다.

09. '폭격기'라는 별명에 걸맞게, 독일 본도를 진략 폭격하여 결국 독일을 페전케 하는 데 기여한 영국 공군 폭격 항공단 사령관이었다. 1942년 2월에 사령관이 된 뒤, 그해 3월에는 폭격기 200여 대를 동원하여 독일 뤼벡을, 그해 4월에는 하인켈 폭격기 공장이 있던 로스톡을, 그해 5월에는 1,000대가 넘는 폭격기를 동원하여 쾰른을 포함한 루르 공업지대 일대를 전략 폭격, 독일의 전쟁 수행 의지를 꺾어버렸다. 그러나 소이탄을 중심으로 한 대량 학살, 대량 파괴 전략을 구사하였기 때문에 그의 부하들조차도 그에게 '도살자'라는 별명을 붙였다고 한다.

10. 독일이 폴란드를 공격함으로써 제2차 세계대전이 시작된 날.

11. 바이마르 공화국 체제 아래에서 파울 폰 힌덴베르크 대통령이 히틀러를 수상으로 임명한 날. 히틀러는 그 다음 해에 힌덴부르크가 죽자 총통에 취임하여 나치 천하를 만들었다. 히틀러 일당은 1933년부터 1945년까지 정권을 잡았다.

12. 나치는 유대인, 슬라브인, 독일인 중에서도 각종 장애를 가진 사람들을 '살 가치가 없는 사람들(die Lebensunwerten)'로 지목하여 학살하였다. 그러나 유럽에서 유대인이 차별받고 박해받은 것은 이미 오랜 역사를 갖고 있었다. 이를테면 1894년에 프랑스에서 터졌던 그 유명한 '드레퓌스 사건'도 사실은 독일을 향한 프랑스의 적대감에 유대인을 향한 프랑스 사회의 반감이 교묘히 결합하여 드레퓌스라는 유대인 포병 장교를 희생 제물로 삼은 사건이었다.

13. 나치 친위대장을 역임한 인물로서 반공산주의, 반유대사상을 전파하였다.

14. 본디 철학도였으나 나치 사상에 공명하여 나치당에 가입한 뒤 히틀러 치하에서 계몽선전장관이 되어 무자비한 언론, 종교 탄압을 자행하였다.

15. 나치의 2인자로서 독일 공군 총사령관이었다.

16. 직역하면 '오늘을 최대한 이용하라'란 말로, 라틴어 격언인 'carpe diem(오늘을 붙잡으라)'에 해당한다.

17. 1805년에 태어나 1880년에 세상을 떠난 독일의 신학자이자 목회자.

18. 자의는 자기가 임의로 설정한 기준을 근거로 다른 사람들을 제멋대로 판단하는 것을 말하지만, 온유한 마음은 하나님을 섬기는 마음으로 이웃을 섬기는 마음을 말한다.

우리 삶에 주어진 커다란 도전

1993년 6월 26일 포츠담에서 한 설교

하늘에 계신 우리 아버지여,

이름이 거룩히 여김을 받으시오며

나라가 임하시오며

뜻이 하늘에서 이루어진 것 같이 땅에서도 이루어지이다.

오늘 우리에게 일용할 양식을 주시옵고

우리가 우리에게 죄 지은 자를 사하여준 것 같이

우리 죄를 사하여주시옵고

우리를 시험에 들게 하지 마시옵고 다만 악에서 구하시옵소서.

나라와 권세와 영광이 아버지께 영원히 있사옵나이다. 아멘.

(마태복음 6:9하–13)

이 본문은 얼핏 보면 완전히 다른 세상으로 우리를 인도하는 것 같습니다. 사자들이 풀을 먹고 100살 먹은 사람들이 어린이들 같은 그런 세상 말이지요. 이런 세상은 결코 이루어질 수 없는 꿈 같습니다. 우리가 지금 말하며 신약 속에 분명히 들어 있는 이 꿈은 어쩌면 요상한 꿈일지도 모릅니다. 「마태복음」에는 사람들이 산상설교라고 부르는 말씀이 세 장에 걸쳐 기록되어 있습니다. 이 산상설교는 신약에서 그루터기 같은 것이라고 말할 수 있습니다. 우리가 산상설교에서 읽는 모든 말씀은 우리 삶의 진로와 정반대입니다. 이 때문에 허다한 사람들이 이 본문 말씀에 조언을 구하였습니다.

정말 진기하게도, 이 산상설교를 읽는 사람은 누구든지 꼼짝없이 삶 전체를 공격당하게 됩니다. 거기에는 금식을 말씀하는 장(章)이 있습니다. 금식을 말씀하는 그 부분에서 우리가 만나는 것은 살빼기 치료법이 아니라, 다른 사람들과 다른 삶을 살아가는 길입니다. 어떤 장은 간음을 말씀하는가 하면, 우리 눈이 마귀 눈이 될 수도 있음을 말씀하기도 합니다. 산상설교는 단지 우리가 행하는 것만을 말씀하지 않습니다. 이렇게 말씀이 한 장, 또 한 장 이어지고 있습니다. 말씀은 우리에게 맹세하지 말라고 당부합니다. 그런가 하면 내일 일을 염려하지 말라고 우리에게 명령하는 말씀도 있습니다.

이 복음서 저자가 한데 모아 기록한 이 말씀 덩어리 속에는 아주 특별한 것이 두 가지 들어 있습니다. 그 둘은 우리가 모두 알고 있는 것입니다. 그 둘 중의 한 부분, 곧 "의를 위하여 박해를 받은 자는 복이 있나니"라는 말씀은 우리에게 위로가 됩니다. 팔복설교(八福說敎)는 산상설교의 첫머리에 자리 잡고 있습니다. 그 설교에서 조금 더 나아가면, 주기도가 나타납니다. "당신의 나라가 임하시오며"[01]라는 구절도 이 주기도 안에 들어 있습니다. 주기도는 2000년대를 살아가는 많은 사람들에게 마지막 구원의 닻이 되었습니다.

사람들 중에는 이전에 학교에서 가르침을 받고 부모님과 살면서 부모님과 더불어 그리스도인 노릇을 할 때 자신들의 삶 속에서 일어난 모든 일들을 잊어버리고 몰아내버린 이들이 많습니다. 그러나 주기도는 변함없이 존속해왔습니다. 사람들은 지금도 주기도를 이야기하며 주기도로 기도합니다. 더 이상 기도할 말이 없을 때도 사람들은 이 기도의 본문을 떠올립니다. 주기도 역시 산상설교 안에 자리 잡고 있습니다. 이 산상설교는 도무지 받아들일 수 없는 삶의 지침들을 담은 산맥입니다. 때문에 이 산상설교는 평화와 동떨어진 결말을 맺고 있습니다.[02] 이 결말 부분에서 저자는 자신이 하나의 설교를 기록한 것이 아니라고 말합니다. 그는 오히려 예수의 선포가 남다른 것이었음을 제시하려 했다고 말합니다. "예수께서 이 말씀을 마치시매 무리들이 그의 가르치심에 놀라니 이는 그 가르치시는 것이 권위 있는 자와 같고 그들의 서기관들과 같지 아니함일러라"(마 7:28-29). 이 말씀이 산상설교의 마지막 구절입니다.

그런 점에서 분명 산상설교는 지극히 예민하고 민감한 사람을 자극하는 자극제입니다. 산상설교는 개인이 독차지하는 위로가 아니라, 우리 삶에 던져진 커다란 도전임이 분명합니다. 그 주기도에서 나온 두 번째 간구가 우리의 설교 본문임을 깨달은 사람은 주기도 안에서 그것이 외관상 우리 삶의 방향과 어긋나는 것을 경험합니다. 만일 우리가 주기도를 적어본다면, 우리 중의 어느 누구도 그 간구들의 순서를 바꾸지 아니할 것이기 때문입니다. "하늘에 계신 우리 아버지, 오늘 우리에게 일용할 양식을 주옵소서"라는 기도를 제일 먼저 할 사람은 우리 중에 아무도 없을 것입니다. 사람은 자신이 꼭 가져야 하는 것, 자신에게 필요한 것, 자신에게 없어서는 안 되는 것을 먼저 구하지, 일용할 양식을 먼저 구하지는 않기 때문입니다.

주기도는 외관상 인간에게 명백히 필요한 것을 거꾸로 뒤집어 버립니다. 우리에게 일용할 양식을 달라는 말이나 우리 죄를 용서해달라는 간구는 차치하더라도, 우선 당장 처음에 등장하는 세 개의 간구부터 우리의 평소 생각과 어긋납니다. 첫 번째 간구는 우리의 이름이나 우리 삶의 이야기(역사)를 말하지 않습니다. 오히려 첫 번째 간구는 "당신의 이름이 거룩히 여김을 받으시오며"라고 말합니다. 두 번째 간구는 "당신의 나라가 임하시오며"입니다. 이어서 세 번째 간구에 이르게 되면, 우리는 말조차 더듬게 됩니다. 예배를 마칠 때 말하는 "당신의 뜻이 이루어지이다"라는 간구야말로 진정 선하고 아름다우며 우리 입에 올릴 수 있는 간구 이상의 것임을 잘 알고 있기 때문입니다. 그렇다면 실제로 이 뜻은 대체 어떻게 이루어질까요? 만일 이 뜻이 우리의 소망이나 우리의 기대, 우리의 염원과 일치하지 않고, 말 그대로 하나님의 뜻이라고 한다면, 이 뜻은 대체 어떻게 이루어질까요?

하나님 나라가 임하기를 바라는 이 염원은 우리 시대, 우리 교회, 우리가 사는 이 세계의 역사를 가로질러 지나갑니다. 지금 우리 그리스도인들은 하나님 나라가 무엇인지 질문조차 던지지 않습니다만, 그럴지라도 하나님 나라는 반드시 임하게 될 것입니다. 자신들의 나라를 세우고 자신들이 내건 미래상을 실현하려 했던 이들이 있었습니다. 하나님을 바라봄이 없이 자신들의 나라를 세우고 자신들의 미래상을 실현하려고 할 때면, 땅 위에 천국을 만들려는 그들의 시도는 번번이 땅 위의 지옥을 만들어내곤 하였습니다. 인간들이 자기 나름의 척도를 설정하고, 대체 어떻게 사는 것이 행복한 삶인지 우리에게 말하려고 하는 곳에서 우리는 늘 지상 지옥을 체험하였습니다. 그 많은 이데올로기와 독재가 어디에서 생겨났습니까? 하나님 나라가 어떤 모습인지, 사람들을 그리로 인도할 방법이 무엇인지, 그 나라의 기준에 맞추어 사람들을 '재단(마름질)' 할 방법이 무엇인지, 그런 식으로 사람들의 삶을 제한할 방법을 자신은 알고 있다고 믿는 사람이 나타난 곳에서 그 많은 이데올로기와 독재가 만들어졌습니다.

그리스도인으로부터 흘러나온 소망을 세계의 다른 종교와 여러 이데올로기가 받아들였다는 인상을 받을 때가 많습니다. 우리 교회의 역사를 살펴보면, 바로 지난 세기의 역사까지만 하더라도, 하나님 나라를 우리가 사는 이 땅 위로 불러올 수 있을 것이라는 소망이 늘 존재하였습니다. 그러나 그 모든 것은 무시무시한 실패로 끝났습니다. 그런 연유 때문인지 사람들은 그리스도인들이 매우 낙담하고 있다는 인상을 받을 때가 많습니다. 하나님 나라가 임하리라는 것을, 그 나라를 받아들이는 것이야말로 진정 앙망할 만한 것임을 그리스도인들이 더 이상 믿지 않기 때문입니다.

그 때문에 우리가 구약과 신약에서 하나님 나라에 관한 내용을 읽을 때면, 언제나 일종의 이중 반향이 울려 퍼집니다. 실로 그 반향은 예루살렘, 곧 하늘의 예루살렘이라는 표어와 더불어 울려 퍼지고 있습니다. 이 예루살렘은 다가올 시대, 우리 시대의 저편에 자리 잡고 있는 시대를 가리킵니다. 그러나 예수께서는 그곳뿐만 아니라 다른 곳에도 하나님 나라가 존재한다고 말씀하십니다. 예수의 이 말씀은 그리스도인의 삶과 그리스도인의 선포가 '단지 저 피안의 세계에만 소망을 두는 것이어서는 안 된다' 는 것을 의미합니다. 하나님 나라는 이미 여기에서도 시작되었기 때문입니다. 산상설교의 가르침을 여러분의 삶에서 한 조각이라도 더 실현하려면, 여러분은 우리 마음을 찌르는 이 산상설교가 우리 삶의 측량 막대로서 우리에게 제시하는 것이 무엇인지 지금 여기서 찾아야만 합니다. 여러분은 사랑이 우리를 다스리게 해야 한다는 것을, 증오가 우위에 있게 해서는 안 된다는 것을, 폭력이 우리가 사는 세계의 원리가 아니라는 것을, 서로 대립하며 사는 것이 아니라 한데 어울려 살아가는 것이 예수가 말씀하신 원리라는 것을 전달하려고 노력해야만 합니다.

그리하면 "당신의 나라가 임하시오며"라는 기도로부터 삶을 변화시키고 이 세상을 변화시키려는 마음이 조금이라도 나타날 것입니다. 그리하면 그 기도는 단지 남가일몽(南柯一夢)에 그치지 않고, 변화된 삶과 변화된 세계의 지평을 붙잡으려는 노력이 될 것입니다. 그리하면 하나님의 이름이 거룩히 여김을 받으실 것이며, 그분의 뜻이 이루어질 것입니다. 그리하면 우리의 양식, 우리의 죄책(罪責),03 우리의 만족도 중요하지만, 도리어 주기도의 마지막 부분, 곧 나라와 권세와 영광이 아버지 것이 되는 것이 중요한 일이 될 것입니다. 그때에 우리의 삶, 우리의 실존도 중요한 의미를 갖게 됩니다. 그리하면 우리가 품고 있는 일련의 염원과 주기도에 들어 있는 일련의 간구의 순서만이 바뀌는 게 아니라, 우리의 삶도 바뀌게 됩니다. 그리함으로써 우리의 마음을 찌르며 우리를 놀라게 하는 산상설교 본문이 기쁜 복음으로, 우리가 걸어가는 매일의 여정을 위한 예비요 준비이며 채비로 바뀌게 될 것입니다.

우리가 "당신의 나라가 임하시오며"라는 기도를 시작하는 곳은 일용할 양식을 하나님 나라와 하나님의 뜻보다 더 중요하게 여기는 사회입니다. 그 사회는 분명 경쟁과 진보와 더 많은 수입이 삶의 원리가 되어버린 곳입니다. 그 사회에서 우리가 아는 것은 겉에 나타난 가격일 뿐, 진정한 가치는 전혀 알지 못합니다. 그 사회에서 우리 모든 사람은 소비 지향의 삶을 살아가고 있습니다. 그런 점에서 "당신의 나라가 임하시오며"라고 간구할 때 우리는 비로소 우리 삶을 변화시키고, 더 이상 우리 자신의 이름이 아니라 모든 이름 위에 뛰어난 그분의 이름으로 살아가며, 그 이름으로 세례를 받고 생명을 얻음으로써 우리가 사는 이 세상이 바뀌도록 하는 데 힘을 보태려는 각오를 갖게 됩니다.

01. 한국 교회에서 사용하는 주기도는 그냥 "나라가 임하시오며"라고 되어 있어서 '당신의'가 빠져 있다. 그러나 「마태복음」 6장 10절의 희랍어 본문에는 분명히 "당신의 나라가(hē basileia sou)"라고 기록되어 있다.

02. 산상설교의 기준은 철저하게 하나님 나라의 가치 기준을 제시한다. 이 땅의 가치 기준에 물들어 있는 인생들은 이 기준을 마음 편히 받아들일 수 없다. 산상설교의 기준을 따라 살아가는 것은 이 땅의 기준과 맞서 싸우는 것을 의미한다. 이 때문에, 라우 대통령은 산상설교가 평화와 동떨어진(sehr unfriedlich) 결말을 맺고 있다고 말하는 것이다.

03. 죄책(罪責)은 독일어로 Schuld인데, 죄를 지은 자가 죄의 크기에 비례하여 져야 할 책임을 말한다.

선한 결말

1991년에 쓴 묵상

천국은 마치 품꾼을 얻어 포도원에 들여보내려고 이른 아침에 나간 집 주인과 같으니, 그가 하루 한 데나리온씩 품꾼들과 약속하여 포도원에 들여보내고, 또 제삼시에 나가 보니 장터에 놀고 서 있는 사람들이 또 있는지라. 그들에게 이르되 "너희도 포도원에 들어가라. 내가 너희에게 상당하게 주리라" 하니, 그들이 가고, 제육시와 제구시에 또 나가 그와 같이 하고 제십일시에도 나가 보니 서 있는 사람들이 또 있는지라. 이르되, "너희는 어찌하여 종일토록 놀고 여기 서 있느냐?" 이르되, "우리를 품꾼으로 쓰는 이가 없음이니이다." 이르되, "너희도 포도원에 들어가라" 하니라. 저물매 포도원 주인이 청지기에게 이르되, "품꾼들을 불러 나중 온 자로부터 시작하여 먼저 온 자까지 삯을 주라" 하니 제십일시에 온 자들이 와서 한 데나리온씩을 받거늘, 먼저 온 자들이 와서 더 받을 줄 알았더니 그들도 한 데나리온씩 받은지라. 받은 후 집 주인을 원망하여 이르되, "나중 온 이 사람들은 한 시간밖에 일하지 아니하였거늘 그들을 종일 수고하며 더위를 견딘 우리와 같게 하였나이다." 주인이 그 중의 한 사람에게 대답하여 이르되, "친구여, 내가 네게 잘못한 것이 없노라. 네가 나와 한 데나리온의 약속을 하지 아니하였느냐? 네 것이나 가지고 가라. 나중 온 이 사람에게 너와 같이 주는 것이 내 뜻이니라. 내 것을 가지고 내 뜻대로 할 것이 아니냐? 내가 선하므로 네가 악하게 보느냐?" 이와 같이 나중 된 자로서 먼저 되고 먼저 된 자로서 나중 되리라.

(마태복음 20:1-16)

이 말씀은 기이하고 불안한 이야기입니다. 겨우 한 시간 일한 사람들이 온종일 땀 흘리며 일한 사람들과 똑같은 품삯을 받기 때문입니다. 이게 과연 정당합니까? 이런 일이야말로 하늘을 향하여 그 불의함을 호소해야 할 일 아닌가요? 우리 중 대부분의 사람들은 이런 포도원 주인의 처사에 쉬이 불쾌함을 느낄 것입니다. 어느 한쪽을 부당하게 우대하는 모습을 보고 다른 한쪽이 화를 내는 경우를 이해하는 것은 어려운 일이 아닙니다. 예를 들어, 우리 가운데 누군가가 출근 시간이 한참 지나서야 출근하여 겨우 한 시간만 일하고도 아주 많은 보수를 받는다고 생각해봅시다. 이게 제대로 된 경우입니까? 그게 하나님의 새로운 의(義)일까요? 분명 그렇지는 않을 것입니다.

포도원 주인은 사실 아주 부당하게 임금을 지불했습니다. 얼핏 봐도 그렇게 보입니다. 주인은 배포가 두둑했습니다. 이 두둑한 배포 덕분에 한쪽 일꾼은 이득을 보았습니다만, 그 배포 때문에 다른 한쪽이 희생을 치른 건 아니었습니다. 일꾼들은 그들이 한

일의 대가로 약정된 보수인 한 데나리온을 받았습니다. 당시 사정을 살펴보면, 한 데나리온은 통상 임금을 초과하였습니다. 말하자면 표준 임금 수준을 넘는 보수였던 셈이지요. 한 데나리온은 가족 전체를 충분히 부양할 수 있는 금액[01]이었습니다. 짧은 시간만을 일한 일꾼들도 긴 시간을 일한 일꾼들과 똑같이 많은 보수를 받았습니다. 그러나 짧은 시간을 일한 일꾼들이 받은 보수가 긴 시간을 일한 일꾼들의 부담으로 돌아가지는 않았습니다. 포도원 주인에게는 말 그대로 그 품삯을 모두 지불할 능력이 있었습니다. 그랬기 때문에 짧은 시간만을 일한 일꾼에게도 배포 두둑하게 하루치 일당을 고스란히 줄 수 있었던 것이지요. 하지만 아무리 그래도 이 주인의 처사는 정당하지 않았습니다. 아니면 혹시 그 주인의 처사가 정당할 수도 있을까요?

그러면 일단 우리들과 오후 늦게야 겨우 일을 얻은 사람들의 입장을 한번 바꿔놓고 생각해보도록 합시다. 그 사람들은 온종일 장터에서 할 일 없이 빈둥거렸습니다. 그들은 일을 다 마치고 지쳐 있는 사람들이 아니었습니다. 그런데도 그들은 풀이 죽은 채 피곤함을 느끼고 있었습니다. 종일 일거리가 없었기 때문입니다. 자신을 의심하는 마음이 그들을 괴롭혔습니다. 그들은 실패자였을까요? 자칫하면 그들은 한 푼도 못 번 채 집으로 돌아갈 처지였습니다. 그리 되면 아마 그 아내들은 빈손으로 돌아온 남편을 보며 실망을 감추기가 힘들었을 것입니다. 그 사람과 그 가족은 무엇으로 먹고살아야 할까요? 일단 농작물 수확기가 끝나면 일자리를 찾기가 더 힘들 것입니다. 그 이전에 어떤 일자리를 찾아낸 사람들이 있었더라도 그들이 선뜻 일자리를 찾지 못한 이 사람들에게 자기 일을 양보했을지 저는 의심스럽습니다. 포도원 주인은 일꾼들의 노동 성과와 상관없이 모든 일꾼에게 많은 품삯을 주었습니다. 그 품삯은 그 일꾼들이 살아가는 데 충분하였습니다. 이런 포도원 주인의 처사를 과연 '부당하다'고 일컬을 수 있을지 저는 모르겠습니다. 최대한 많은 사람들에게 정당한 대우를 해주려면, 일한 성과와 상관없이 모든 일꾼에게 족한 품삯을 준 포도원 주인의 두둑한 배포가 최선의 길일지도 모릅니다.

경제 개념에 합치하는 거래라면 노동 성과와 연계된 임금 체계를 포기할 수 없다는 건 자명합니다. 그러나 예수님이 말씀하시는 내용은 완전히 달랐습니다. 그것은 훨씬 더 원리적입니다. '노동 성과(Leistung)'의 원리[02]가 어디에서나 제한 없이 유효할까요? 이 원리가 실제로 누구에게나 늘 타당할 수 있을까요? 저는 그렇게 믿지 않습니다. 만일 그 원리가 늘 타당하다고 한다면, 아무 노동도 제공하지 않은 사람들은 어떻게 되겠습니까? 비단 장애인들, 노인들, 병자들뿐만 아니라, 아직 노동할 수 없어서 놀 수밖에 없는 어린이들은 어찌 되겠느냐는 말입니다. 일하지 않는 그들에게는 더 이상 우리와 함께할 자리를 내어주지 말아야 할까요? 그런 일은 악몽일 것입니다. 그런 악몽은 오늘은 일하는 데 적합하고 노동을 제공할 만한 힘이 있는 사람들조차도 봐주지 않을 것입니다. 내일이면 그런 사람들도 사정이 완전히 달라질 수 있기 때문입니다. 내일이면 그들에게도 불행이 닥치고 병에 걸리며 기력이 다 소진될 것입니다. 그럴 경우, 단지 노동 성과만을 고려한다면 그들의 삶은 순식간에 의미 없는 것이 되어버릴 수 있습니다.

우리가 읽은 이 이야기는 노동이 전부는 아니라는 것을 우리에게 일깨워줍니다. 우리가 사는 현대 사회는 노동 성과를 훨씬 더 중요시합니다. 그러나 하나님은 우리 인간 존재를 판단하실 때, 우리가 무엇을 할 수 있으며 무엇을 제공할 수 있는가는 전혀 염두에 두시지 않습니다. 우리가 인간으로서 존재하고 인간으로서 존속하는 것은 하나님이 우리를 사랑하시기 때문입니다. 인간이 그 인간다움을 보존할 수 있는 것은 오로지 하나님이 아주 배포가 크시기 때문이요, 일한 만큼만 삯을 주는 편협한 구조를 그분이 절대 주권을 행사하셔서 허물어버리셨기 때문입니다. 우리 사람이 살 만한 가치가 있는 것은 오로지 그 때문입니다.

가을 숲의 아름다움, 깊이 푹 잔 잠, 어떤 사람의 사랑, 어린 아이의 웃음. 이 모든 것들은 우리 사람을 실제로 풍성하게 만들어줍니다. 그러나 우리 중에 어느 누구도 이것들을 얻으려고 뭔가를 제공했던 사람은 여태까지 없을 겁니다. 만일 하나님이 이 모든 것을 우리가 어떤 반대급부를 제공하느냐에 따라 얻을 수 있는 것들로 만드셨다면 우리 신세가 얼마나 가련하겠습니까? 하지만 다행히도 하나님은 이 코르셋[03]을 끊어버리십니다. 우리가 그 속에 우리 자신과 다른 사람들을 아주 빨리 밀어 넣는 이 코르셋은 아주 쉽게 우리를 질식시킵니다. 하나님께는 한 사람 한 사람이 그 나름의 소중한 의미를 가진 존재입니다. 아무리 현명하지 못하고 한가하며 경건치 못한 사람이라도, 하나님은 그 사람을 현명하고 바쁘며 경건하다고 믿는 다른 사람들과 똑같이 소중하게 여기십니다.

그런가 하면, 이 포도원 일꾼 이야기는 우리가 우리 자신을 다른 사람과 비교하면 아주 치명적일 수 있다는 점을 아울러 일깨워 줍니다. 다른 사람들의 형편이 조금이나마 우리 자신보다 못할 때 비로소 우리 형편이 좋은 것처럼 여기는 경우가 많습니다. 오랜 시간을 일했던 일꾼들은 짧은 시간을 일한 다른 사람들을 바라보았기 때문에, 그들만이 갖고 있는 진가를 더 이상 기뻐할 수 없었습니다. 더욱이 그 다른 사람들이 기대하지도 않았던 높은 품삯을 받는 모습을 보았을 때는 정말로 속이 뒤집혔습니다. 긴 시간을 일한 일꾼들이 불평불만을 늘어놓은 것은 자신들을 짧은 시간을 일한 사람들과 비교했기 때문입니다. 그 때문에 긴 시간을 일한 일꾼들의 눈에는 질투와 시기가 번뜩였던 것입니다. 그런 눈빛을 가진 사람이 어떻게 다른 사람들을 선하게 바라보며 그 다른 사람들을 형제로 여길 수 있겠습니까? 베르너 예터[04]는 "비교는 더 나은 것을 만들어내는 원동력이긴 하지만, 선(善)의 아버지가 되는 경우는 거의 없다"라고 말했는데, 정말 옳은 말입니다. 하나님은 모든 선의 아버지십니다. 그렇기에 그분은 우리가 아무리 우리와 다른 사람들을 조여 매는 좁은 경계를 그어놓아도, 그 경계에 구애받지 않으십니다. 하나님은 나와 남을 비교하라는 내면의 강박을 부숴버리십니다. 그분은 성과와 서열 뒤편에 숨어 있는 인간의 진짜 모습을 보시기 때문입니다. 하나님은 모든 사람들에게 좋은 것을 원하십니다. 모든 사람이 그분의 자녀이기 때문입니다.

긴 시간 일했던 일꾼들은 자신들이 홀대받으며 무시당했다고 느꼈습니다. 그렇지만 이들도 어쩌면 제가 위에서 말한 사실을 이해했을 것입니다. 어쩌면 이 일꾼들은 그런 사실을 깊이 성찰하며 집으로 돌아갔을 것이며, 아마 그들 자신에서 비롯된, 그리고 그들의 삶을 허무하게 만들었던 그 씁쓸한 느낌에서도 자유를 얻었을 겁니다. 그럴 경우, 이 날은 모든 사람들에게 선한 결말을 맺는 날이 될 것입니다.

01. 그래도 한 데나리온은 당시 일용직 근로자의 평균 임금이었다. 물론 이 품삯보다 더 적은 금액으로 일하는 사람들도 있었다. 요아힘 예레미아스의 『예수 시대의 예루살렘』(한국신학연구소, 1988) 151~163쪽을 보라.

02. 노동 성과에 비례하여 보수가 지급되어야 한다는 원리를 말한다. 이 원리는 곧 '일하지 않는 사람에게는 어떤 금전도 지급해서는 안 된다'로 이어진다. 본디 법률 용어로 Leistung은 '무엇을 해야 하거나 무엇을 제공해야 할 의무를 진 경우에 그 의무를 이행하는 것'을 말한다.

03. 코르셋은 체형을 보정하고자 허리 부위를 조여 매는 속옷을 말한다. 여기서 코르셋은 뭔가 반대급부가 제공되지 않으면 그에 상응하는 대가를 지불하지 않음으로써, 사람들로 하여금 살아가려면 노동을 제공할 수밖에 없도록 만드는 현실을 상징한다.

04. 1930년에 태어나 2004년에 세상을 떠난 독일의 신학자다. 튀빙언 대학 교수로 재직하였다.

못 듣던 사람이 듣고,
말 못하는 사람이 말하게 되다

1964년 어느 예배에서 한 설교

예수께서 다시 두로 지방에서 나와 시돈을 지나고 데가볼리 지방을 통과하여 갈릴리 호수에 이르시매 사람들이 귀 먹고 말 더듬는 자를 데리고 예수께 나아와 안수하여 주시기를 간구하거늘, 예수께서 그 사람을 따로 데리고 무리를 떠나사 손가락을 그의 양 귀에 넣고 침을 뱉어 그의 혀에 손을 대시며 하늘을 우러러 탄식하시며 그에게 이르시되 "에바다" 하시니, 이는 열리라는 뜻이라. 그의 귀가 열리고 혀가 맺힌 것이 곧 풀려 말이 분명하여졌더라. 예수께서 그들에게 경고하사 "아무에게도 이르지 말라" 하시되, 경고하실수록 그들이 더욱 널리 전파하니, 사람들이 심히 놀라 이르되 "그가 모든 것을 잘하였도다. 못 듣는 사람도 듣게 하고 말 못하는 사람도 말하게 한다" 하니라.

(마가복음 7:31-37)

「마가복음」이 우리에게 설명하는 이적 기사들 중에서 오늘 이 기사는 특히 중요합니다. 듣지도 못하고 말하지도 못하여 자신의 이웃들과 함께하는 삶에 거의 동참할 수 없었던 한 사람이 있습니다. 그런 그를 사람들이 예수께 데려왔습니다. 예수는 무엇을 하실까요? 예수에 관하여 알고 있는 우리들은 그 대답을 말할 수 있습니다. "예수는 그를 도와주시고 그를 고쳐주실 것입니다." 이게 우리 대답입니다. 예수는 그 사람을 짓누르던 병에게 그 병자를 떠나라고 명령하셨습니다. 그 사람은 건강을 되찾습니다.

그러나 예수는 자신이 그저 이적을 행하는 사람으로 유명해지는 것을 원하시지 않습니다. 그 때문에 예수는 고침을 받은 사람과 증인들에게 그 사건을 이야기하지 말라고 명하십니다. 그러나 이적에 이적이 거듭되면서 예수가 이적을 일으키신 이야기는 더욱더 확산됩니다. 마치 연이어 번져가는 불길처럼, 예수가 일으키신 이적 소식은 백성들을 뚫고 지나갑니다.

우리도 모두 예수의 말씀과 행위로 말미암아, 내면의 귀먹음과 말 못함에서 자유를 얻었습니다. 그러므로 우리는 이제 다른 사람들이 뭐라고 말하는지 들어야만 합니다. 또한 거기서 더 나아가, 하나님의 말씀이 우리에게 일러주시고자 하는 것이 무엇인지 귀를 기울여야 할 필요가 있습니다. 하지만 우리는 단지 듣는 데 그치지 않고, 우리의 말과 우리의 삶 전체를 통하여 하나님의 말씀을 널리 전파해야만 합니다. 이것이 예수께서 우리 같은 사람들에게 지금도 거듭거듭 행하시는 특유한 이적입니다. 예수는 너무나 자주 거짓말을 듣고 싶어 하는 귀와 거짓말을 퍼뜨리고 싶어 하는 입을 당신의 도구로 만드십니다. 우리가 그분에게 귀를 기울일 때, 그분의 말씀은 우리의 전 육체와 영혼에 효력을 미칩니다. 예수가 이적을 베푸시는 자리에서 우리 자신의 노력은 아무런 도움이 되지 않습니다. 예수가 이적을 행하셔야만 합니다. 우리가 그분에게 이적을 베풀어주시도록 간구하면, 그분은 우리 모든 이에게 이적을 행하십니다. 그 이적은 비단 갈릴리 바닷가에 있었던 그 병자뿐만 아니라 우리에게도 중요한 것입니다. 그렇기에 우리는 이 기사를 결코 잊지 못하는지도 모릅니다.

더 인간다운 세상을 만듭시다

1991년 11월 10일 쾰른에서 한 설교

바리새인들이 "하나님의 나라가 어느 때에 임하나이까?" 묻거늘, 예수께서 대답하여 이르시되, "하나님의 나라는 볼 수 있게 임하는 것이 아니요, 또 여기 있다 저기 있다고도 못하리니, 하나님의 나라는 너희 안에 있느니라." 또 제자들에게 이르시되, "때가 이르리니 너희가 인자의 날 하루를 보고자 하되 보지 못하리라. 사람이 너희에게 말하되 보라, 저기 있다, 보라, 여기 있다 하리라. 그러나 너희는 가지도 말고 따르지도 말라. 번개가 하늘 아래 이쪽에서 번쩍이어 하늘 아래 저쪽까지 비침같이 인자도 자기 날에 그러하리라."

(누가복음 17:20-24)

예수가 질문을 받으셨습니다. 여느 사람 같으면 깜짝 놀랄 수도 있는 상황입니다. 이런 상황이 또 어디에서 벌어지겠습니까? 세대를 초월하여 사람들이 세계 열방에서 모여들어 비길 데 없이 아름다운 한 주간을 함께 보내는 교회대회 때가 아니면 이런 상황은 벌어지지 않을 것입니다.

우리가 사는 이 시대는 예수에게 거의 질문을 던지지 않습니다. 우리는 그분에게 "주님, 당신은 제가 무엇을 하기를 원하십니까?"라는 질문을 거의 하지 않습니다. 그러나 이 본문에서는 예수가 질문을 받으셨습니다. 그리고 그분은 그 질문에 대답하십니다.

그런데 예수께 질문을 던진 사람들은 기독교 역사에서 단 한 번도 좋은 평판을 듣지 못한 사람들입니다. 우리는 바리새인들을 속속들이 알지 않습니까? 그렇기에 우리는 이미 누군가를 바리새인으로 간주하고 바리새인으로 단정하여 그에게 절교 선언을 하지 않았습니까? 그러나 바리새인들은 예수께 질문을 던집니다. 우리 시대에는 더 이상 그런 질문이 제기되지 않는다고 사람들이 믿고 있을지도 모르는 그 질문을, 그들은 예수께 던집니다. "하나님의 나라가 어느 때에 임하나이까?" 바로 이것이었습니다.

성경을 읽고 이해한 사람은, 이 말씀이 첫 장부터 마지막 장에 이르기까지 "하나님의 나라가 어느 때에 임하나이까?" "이 세상이 어느 때에 완전히 바뀌나이까?" "눈물과 비참함과 불의는 어느 때에 끝이 나나이까?"처럼 성경에 특유한 질문들을 던지고 있음을 깨닫습니다. 우리 시대에 이르러 이 질문들은 그친 것처럼 보입니다. 우리가 보기에 이 시대에는 분명 "하나님의 나라가 어느 때에 임하나이까?"라는 질문과 완전히 다른, 그 질문보다 더 자극적인 질문만이 존재합니다. 저도 인정합니다만, 하나님 나라가 언제 임할지 묻는 질문은 정말 많았습니다. 그런 질문은 얼핏 보면 신앙심이 깊어 보이지만, 실은 그렇지 않은 언어로 포장되어 있었습니다. 때문에 사람들은 그 질문을 이해할 수도 없었고, 그 대답도 제시할 수 없었습니다.

하나님 나라가 언제 임할지 묻는 질문은 우리 시대와 이 세상의 토론 주제가 아닌 것처럼 보입니다. 그러나 예수가 이 땅에 계실 당시에는 그 질문이 제기되었습니다. 왜 그랬을까요? 그 질문을 받으신 분이 당신 자신을 일컬어 (하늘에 계신) 아버지의 목소리라고 말씀하시기 때문입니다. 바로 그 질문을 받으시는 분이 당신 나라는 이 세상에 속해 있지 않다고 말씀하시기 때문입니다. 갈릴리 곳곳을 돌아다니신 그분이 당대의 조류, 당대의 관습을 거슬러 살아가시기 때문입니다. 그분은 항간에서 널리 행해지는 것에 빨려들지 아니하시고 당신 주관을 꿋꿋이 지키시기 때문입니다. 그렇기에 바리새인과 사두개인과 죄인들과 제자들이 그분께 질문을 던지는 것입니다. 그들은 의가 존재하는 하나님 나라가 언제 임하는지 묻습니다. 그런데 그들이 얻은 대답은 눈에 보이는 모든 모습과 전혀 다른 것이었습니다.

옛 이스라엘 시절에 바리새인들은 한 가지 가르침을 설파하였습니다. 그 가르침은 이러했습니다. "만일 모든 유대인이 안식일을 지키고 모든 사람들이 율법을 지킨다면, 메시아 그분이 오신 것이요, 메시아 그분이 현존하시는 것입니다. 우리 다 같이 그분이 들어오시도록 그 문을 열어둡시다!" 바리새인들은 모든 유대인이 율법과 안식일을 지킬 날을 헛되이 기다렸습니다.[01] 때문에 그들은 이미 하나님 나라가 임하였는데도 언제 그 나라가 임할 것인가라는 질문을 품고 살아간 것입니다.

이미 하나님 나라가 임하였다는 말을 들으면 많은 사람들은 이런 질문을 던지게 됩니다. "그렇다면 나도 지금 하나님 나라에 있는 건가요? 나도 지금 하나님 나라에 참여하고 있는 겁니까?" 구약과 신약을 관통하는 한 가지 사상이 있습니다. 우리는 그 사상을 「데살로니가전서」에서 재발견합니다. 「데살로니가전서」는 그 사상을 이렇게 이야기합니다. "그 후에 우리 살아남은 자들도 그들과 함께 구름 속으로 끌어올려 공중에서 주를 영접하게 하시리니 그리하여 우리가 항상 주와 함께 있으리라"(살전 4:17). 예수가하신 대답은 상당히 밋밋합니다. 하나님 나라는 겉으로 볼 수 있는 모습으로 임하지 않습니다. "하나님의 나라는 볼 수 있게 임하는 것이 아니요 또 여기 있다 저기 있다고도 못하리니 하나님의 나라는 너희 안에 있느니라."

그처럼 예수는 사람들을 자극할 특정한 날이나, 그날을 암시하는 불빛이나, 그날에 나타날 영광(Herrlichkeit)을 일러주시지 않습니다. 장차 누군가를 통하여 알려지게 될 새로운 시간 계산법을 일러주시지도 않습니다. 오히려 예수는 "하나님의 나라는 너희 안에 있다"라고 일러주십니다. 왜냐하면 나 자신이 바로 하나님 나라요, 그 나라를 임하게 하는 사람이기 때문입니다. 그런 다음 이런 경고를 들려주십니다. "때가 이르리니 너희가 인자의 날 하루를 보고자 하되 보지 못하리라. 사람이 너희에게 말하되 보라, 저기 있다, 보라, 여기 있다 하리라. 그러나 너희는 가지도 말고 따르지도 말라." 우리가 사는 이 시대까지도 이러한 선전 문구가 넘쳐남을 모르는 이는 아무도 없습니다.

그저 신문 표제나 들여다보지 않고 우리가 사는 이 땅을 살펴본 사람은, 여름용 물건을 떨이로 팔아치울 때나 들을 법한 종교적 선전 문구가 존재함을 확인하게 될 것입니다. '주님은 여기 계십니다'라고 말하는 무리와 종파의 숫자는 세속하여 늘어만 갑니다. 그들은 이렇게 말합니다. "오직 이 길 아니면 저 길로 가십시오. 그러면 틀림없이 거기에 도착하실 겁니다." 불확실성의 시대에는 늘 이런 무리가 있습니다. 그런 시대에는 종교적 선전 문구들이 득세하게 되지요. 기독교 역사를 살펴보면 최근 200~300년

사이에 하나님 나라가 임하기를 갈구하는 부르짖음이 상당히 수
그러들었습니다. 그리스도인들의 삶에도, 하나님 나라가 임하기
를 고대하던 마음이 더 활발하고 더 생생하며 더 뚜렷하게 감지될
수 있었던 시대가 있었습니다. 그렇기에 「로마서」에서 이르듯이,
말씀은 우리가 간절한 심정으로 하나님 나라를 기다리며, 사람뿐
만 아니라 짐승까지 포함한 모든 피조물이 그 나라를 기다린다고
일러줍니다. 교회 시대에 그 소망을 말하는 경우가 아주 희소해지
면서, 다른 이들은 하늘에 있는 그들의 예루살렘을 이야기합니다.

최근 200년 동안의―비단 200년뿐만 아니라 그 이전까지 포
함하여―문화사와 정치사를 더 정확하게 관찰해본 사람은 큰 운
동들과 운동가들이 늘 존재했음을 확인할 수 있습니다. 이 운동가
들은 그들이 그린 세계상의 설계도를 제시하면서 이렇게 말합니
다. "그 세계상이 이루어지면 만사형통입니다. 현재는 그 미래상
에 종속되어야만 합니다.02 현재를 사는 사람들도 그 미래상에 복
종해야 할 것입니다. 그럴 때에 비로소 그 미래가 도래합니다." 그
러나 이 땅에서 천국을 약속했던 사람들은 모두 지옥을 가져다주
었습니다. 스탈린이 그랬고, 히틀러가 그랬으며, 셀 수 없이 많은
다른 사람들도 그러했습니다. 그들은 하나님 나라 대신 시스템만
이 소리를 내고 사람들은 모조리 그 시스템에 복종해야 하는 지상
천국을 건설하려고 시도했습니다. 우리는 어쩌면 그런 시도들을
수용소 군도라고 부를 수 있을 것입니다.

그리스도인들이 발산하는 소망이 적으면 적을수록, 새로운 세

계 질서를 건설하려는 구상들은 더욱더 많은 매력을 풍깁니다. 그러나 우리는 지상 천국을 약속한 이들이 만들어낸 것은 지옥이라는 것, 그들은 시신을 보아도 못 본 척 지나쳐버린다는 것, 그리고 그런 사람이 할 수 있는 것은 오로지 표면에 나타나는 것과 현재 있는 것을 경멸하는 것뿐임을 깨달았습니다. 그처럼 공상가들이 내놓은 구상들은 엄밀히 말하면 그릇된 길로 인도하는 유혹자들입니다. 그들은 "하나님의 나라는 너희 안에 있다"라고 일러주신 분이 말씀하고자 하셨던 하나님 나라가 대체 무엇일까라는 질문으로부터 우리 관심을 다른 곳으로 돌려버립니다. 예수는 우리가 이스라엘을 여행할 경우에 가볼 법한, 기막히게 아름다운 곳에서 그 말씀을 하시지 않았습니다. 그분은 우리가 게네사렛 호숫가를 여행할 때 보게 되는 환상적 장면에서 그 말씀을 하시지 않았습니다. 그분은 현실 속에서 그 말씀을 하셨습니다. 나병이 있고, 어린 이들이 죽어나가며, 평균 수명이 30세도 되지 않는 현실 속에서 그 말씀을 하셨습니다. 바로 그 현실 속에서 예수는 이렇게 말씀하셨습니다. "하나님의 나라는 이미 여기에 임하였다. 그 나라는 너희 안에 있으며, 그 나라는 너희 가운데 있다." 바리새인들과 제자들은 겉으로 나타나는 것만을 생각했지만, 이들과 달리 예수는 이렇게 말씀하십니다. "어떤 이상향이 하나님 나라라고? 천만에! 생명의 말씀이 선포되는 것이 바로 하나님 나라의 시작이다."

그 유혹자들은 물러서지 않을 것입니다. 그들은 자신들의 세계상을 추구하려고 시도합니다. 아울러 그 세계상을 사람들에게 큰 고통을 안겨주는 모든 것을 제거하고, 그 모든 것으로부터 사람들을 해방시켜줄 방책으로서 제시하려고 시도합니다. 때문에 이들이 내건 이데올로기적, 종교적 선전 문구들은 더욱더 확산될 것입니다. 그러나 우리가 주님 곁에 다가가면 하나님 나라를 인식할 수 있습니다. 주님은 만물을 통치하시는 그분을 섬기는 동시에 몸소 종의 형상을 취하십니다. 그것이 하나님 나라입니다. 이제 여러분은 이 하나님 나라를 조금이나마 체험할 수 있습니다. 그렇게 여러분이 하나님 나라를 체험할 수 있도록 예수 그리스도의 교회가 존재합니다. 우리에게 종교적 평안함을 느끼게 해주거나 우리의 종교적 필요들을 만족시켜주려고 예수 그리스도의 교회가 존재하는 게 아닙니다. 예수 그리스도의 교회가 존재하는 목적은 하나님의 뜻을 전하고 그분을 찬미하며 그분을 알리는 데 있습니다. 악마에게 사로잡힌 이 세상이 그대로 존속되지는 않을 것입니다. 하나님이 이 세상을 사랑하시기 때문입니다. 당신이 이 세상을 사랑하시기에, 하나님은 우리가 이 세상을 바꾸고 개선하는 일에 나서기를 원하십니다. 당신이 이 세상을 사랑하시기에, 하나님은 우리가 확신을 품고 세상을 바꾸며 개선하는 일에서 손을 떼지 않기를 원하십니다. 악마에게 사로잡힌 이 세상을 바꾸고 개선하는 것, 그것이 바로 모든 그리스도인에게 내려진 명령입니다. 그런 이유 때문에 그리스도인들은 이 세상에서 벌어지는 일에 관여해야만 합니다.

그리스도인들은 아주 오랫동안 세상일에 관여하지 않았습니다.

설령 관여했다 해도 그릇되게 관여한 경우가 자주 있었습니다. 우리는 제3제국[03]이 유대인을 박해하고 학살했던 1938년 11월 9일 밤을 기억합니다. 저는 그때 고작 일곱 살이었습니다만, 그 밤을 지금도 잊을 수 없습니다. 제 고향 바르멘에서는 유대교 회당이 불탔습니다. 저는 그때 어떤 사람에게 "저곳을 왜 불태우죠?"라고 물었습니다. 저는 지금도 어떤 어른이 제게 말했던 대답을 생생히 기억합니다. 그 어른은 그곳이 유대인들의 집(유대교 회당)인데, 이미 오래전부터 그곳에서는 하나님의 말씀이 올바로 전해지지 않았다고 대답했습니다. 그때를 회상해보면, 그 밤에 있었던 무시무시한 일은 회당이 불탄 일만이 아니었습니다. 여러분과 나를 포함한 사람들이 그 회당이 불타는데도 멀뚱멀뚱 바라만 보거나 못 본 체했던 것 역시 무시무시한 일이었습니다. 만일 그리스도인들이 그 광경을 방관하거나 못 본 체하지 않았다면, 무슨 일이 벌어졌을까요? 만일 기독교 세계의 양심은 물론이고 세상의 양심이 날카롭게 살아 있었다면 그 밤에 무슨 일이 벌어졌을까요? 그렇게 기독교 세계의 양심이 살아 있었다면 그 밤의 유대인 학살로부터 시작하여 아우슈비츠까지 이어질 이 무시무시한 강제 조치들이 과연 자행되었을까요? 그렇게 양심이 살아 있었다면 뭔가 바꿀 수 있지 않았을까요? 그리스도인의 양심이 살아 있었다면 그런 만행을 저지할 수 있지 않았을까요?

저는 그리스도인의 양심이 살아 있었다면 어떤 결과가 벌어졌을지 모릅니다. 그러나 제가 잘 아는 게 있습니다. 하나님은 그리

스도인들에게 이 세상을 지금 이대로 방치해두도록 허락하시지
않았다는 것, 이 세상을 이렇게 놔두어도 어떤 식으로든 잘 돌아
가리라는 생각을 하도록 허락하시지 않았다는 것이 바로 그것입
니다. 신약은 "만물이 의구하니, 너희는 안심하라"라고 말씀하지
않습니다. 도리어 "보라, 내가 만물을 새롭게 하노라"(계 21:5)라고
말씀하고 있지요. 저는 보좌 위에 앉으신 그 종의 말씀처럼 이 세
상이 새롭게 되기를 바랍니다. 새롭게 바뀐 세상에는 궁핍과 눈물
과 고통이 전혀 없을 것이기 때문입니다. 우리가 이렇게 바뀔 세
상의 모습을 조금이라도 우리 일상의 노동 속으로 끌어들인다면,
우리의 사기를 진작시켜 세상을 변화시키는 데 충분한 힘을 발휘
할 것입니다.

그렇지만 과연 어떤 길이 옳은 길인가, 대체 어떤 게 사회 정의
일까라는 물음을 둘러싸고 여전히 다툼이 벌어지고 있습니다. 우
리는 그 사회 정의 때문에 싸우고, 그것을 이루려고 다툽니다. 임
금 협약을 맺을 때 협약 당사자들은 차분한 태도로 자신들의 입장
을 명쾌하게 제시합니다. 기독교 신앙은 새 화성학(和聲學)이 아닙
니다. 그런데도 우리는 이런 기독교 신앙으로 요리 위에(Über das
Gericht)[04] 심심한 소스를 뿌리고 있습니다.[05] 요리라면 분명한 맛
과 명확한 모양새를 가져야만 합니다. 그런데 과연 그리스도인들은
이 세상을 바꾸고 개선하라는 명령을 분명히 인식하고 있습니까?

"보라, 여기 있다. 보라, 저기 있다"라고 외치는 사람들과 사귀
지 마십시오. 그런 사람들을 추종하지 마십시오. 그런 공상가들이

외치는 환상들이 우리를 미혹하고 우리 시선을 사로잡을 때까지 기다리지 말고, 세상을 바꾸는 일에 뛰어들어 일하십시오. 인자의 오심은 번개같이 임할 것입니다. 뿐만 아니라 인자의 오심은 아주 환한 광채를 낼 것입니다. 그러나 그 광채는 1,000개의 전등에서 흘러나오는 광채와는 다릅니다.

중요한 것은 2,000년 전에 유대인으로 이 세상에 오신 그분이 약속하셨던 하나님 나라입니다. 그 나라를 선포하는 말씀은 교회와 신앙고백 속에서 면면히 이어지고 있습니다.

많은 비(非)그리스도인들이 많은 그리스도인들보다 (공상가들을 추종하지 말고 세상을 바꾸고 개선하는 일에 직접 뛰어들라는) 이 호소를 더 잘 이해하고 있는 것으로 보여 부끄러울 때가 많습니다. 사람들은 군사 장비가 해체되고 그 위에 '농업용 기계'라는 글자가 쓰이는 일을 겪게 되면, 그 일을 마치 만화처럼 생각합니다. 예전에는 '칼을 녹여 보습을 만드는 일'을 생각조차 못했습니다. 그러나 지금은 그때와 전혀 다릅니다.

왕좌와 제단이 한통속이 되고, 소수의 사람들만이 '정말 노동자들로 말미암아 바뀔 게 있을까?'라는 물음을 던지며 빈약한 대오를 이루고 있던 그 시절에도, '칼을 녹여 보습을 만드는' 세계 변혁을 추진했던 위대한 남성들과 여성들이 있었습니다. 하지만 사람들은 그들의 말에 의문을 표시하였습니다. 지금은 칭송을 듣는 요한 힌리히 비허른[06]이나 아돌프 콜핑[07]도 그들 당대에는 그 시대정신에 맞지 않는 사람들로 간주되었습니다.

물론 세계를 바꾸라는 명령이 오로지 그리스도인에게만 주어진 것은 아닙니다. 그러나 그리스도인들은 그 명령을 내리신 분을 알고 있습니다. 그분은 당신 자신을 제자들에게, 죄인들에게, 바리새인들에게, 그리고 다행히 우리들에게도 인식시켜주셨습니다. 「요한계시록」이 아주 진기하고 매혹적인 모습으로 묘사하는 천상의 예루살렘은 우리가 열망하는 곳입니다. 그곳은 하나님의 백성들에게 '쉼'을 주는 곳입니다. 그곳에서는 정신없이 바쁜 일이 최종 목적이 아니며, 또 무언가가 확실히 도래하는 곳입니다. 그러나 또 무언가가 임한다는 소망 때문에 우리가 이 세상을 바꿔가더라도, 더 기독교 색채를 띠는 세상으로 만들기보다 먼저 더 인간다운 세상으로 만드는 일이 우리 삶을 규정하는 목표가 되어야 합니다. 이 세상이 진정 인간다운 세상이라면 그리고 우리가 하나님 나라가 발산하는 이 광채 한 조각 한 조각을 우리 삶이 아니라 우리 옆에 있는 사람들, 우리를 믿고 의지하는 사람들의 삶 속에 비춘다면, 이 사람들도 우리가 대림절 기간이면 강림을 기다리는 그분, "세상에서는 너희가 환난을 당하나 담대하라. 내가 세상을 이기었노라"라고 말씀하셨던 그분을 알아볼 수 있게 될 것입니다. 우리는 이 세상과 인연을 끊어서도 안 되지만, 그렇다고 이 세상의 방법을 좇아 살아서도 안 됩니다. 오히려 우리는 이 세상이 하나님이 사랑하시는 세상임을 드러내야만 합니다. 그때에 하나님 나라가 시작될 것이며, 우리는 그 나라가 열리는 것을 돕게 될 것입니다.

01. 메시아가 오시려면 모든 사람이 율법과 안식일을 지켜야 한다고 믿었기 때문에 모든 이가 율법과 안식일을 지킬 날을 기다린 것이다. 바리새인들은 예수의 오심이 하나님 나라의 도래요, 성령이 사람들의 심장을 파고들어야 비로소 하나님의 법이 이루어질 수 있다는 진리(신 30:6 참고)를 깨닫지 못했다.

02. 꿈같은 미래를 이루려면 현재를 희생해야 한다는 말이다.

03. 히틀러가 정권을 잡은 1933년부터 독일이 2차 대전에서 패배한 1945년에 이르는 기간의 독일을 말한다.

04. 독일어에서 'Gericht' 라는 명사는 '요리' 라는 뜻과 '심판, 법정' 이라는 뜻을 모두 갖고 있다.

05. 기독교 신앙은 오래 묵은 장처럼 깊은 맛을 갖고 있다. 그 본질은 2,000년 동안 변함이 없었다. 이런 기독교 신앙은 세상의 근본을 바꾸어 하나님 나라로 이끌어 간다. 그러나 오늘날의 기독교 신앙은 이런 맛을 잃어버린 채 바꿔야 할 세상을 바꾸기보다 오히려 그 바꿔야 할 세상을 치장해주는 역할을 하고 있을 뿐이다. 라우 대통령은 이런 기독교의 현실을 통렬하게 풍자한다.

06. 1808년에 함부르크에서 태어나 1881년에 세상을 떠난 독일의 신학자로서, 독일 국내 선교와 교정(矯正) 개혁에 선구자 역할을 한 사람이다.

07. 1813년에 태어나 1865년에 세상을 떠난 독일의 가톨릭 신학자. 자신의 체험을 바탕으로 천대받고 고통당하는 어린 수공업 도제들과 여성들의 권익 향상에 헌신하였으며, 노동자들이 단결하여 사회를 개혁해야 함을 인식한 선구자로 알려져 있다.

하나님의 형상, 하나님의 소유
1991년 루르 관구 교회대회에서 한 성경 강론

이에 그들이 엿보다가 예수를 총독의 다스림과 권세 아래에 넘기려 하여 정탐들을 보내어 그들로 스스로 의인인 체하며 예수의 말을 책잡게 하니, 그들이 물어 이르되, "선생님이여 우리가 아노니 당신은 바로 말씀하시고 가르치시며 사람을 외모로 취하지 아니하시고 오직 진리로써 하나님의 도를 가르치시나이다. 우리가 가이사에게 세를 바치는 것이 옳으니이까 옳지 않으니이까?" 하니, 예수께서 그 간계를 아시고 이르시되, "데나리온 하나를 내게 보이라. 누구의 형상과 글이 여기 있느냐?" 대답하되, "가이사의 것이니이다." 이르시되, "그런즉 가이사의 것은 가이사에게, 하나님의 것은 하나님께 바치라" 하시니, 그들이 백성 앞에서 그의 말을 능히 책잡지 못하고 그의 대답을 놀랍게 여겨 침묵하니라.

(누가복음 20:20-26)

어젯밤 저는 믿을 수 없는 이야기를 들었습니다. 한 무리의 반듯한 시민들이 자발적으로 만든 한 모임이 100년 동안 이어져오고 있다는 이야기였습니다. 그 모임에는 늘 15명의 회원들이 있다고 합니다. 한 사람이 그 모임을 떠나면 그 모임 회원들은 '어떤 사람이 우리 모임에 들어올 수 있을까?'라는 생각을 품고 다른 사람을 물색하였습니다. 어느 한 사람이 그 모임을 떠나자 그 모임 회원들은 그 도시에서 명망이 있는 한 사람을 주목하였습니다. 그 모임 사람들이 그에게 가입을 권유하였고, 그는 그 모임에 들어갔습니다.

그 모임 사람들의 이야기입니다.

"토론과 저녁 식사는 유쾌했고, 새로 들어온 그 사람은 교양 있고 깔끔했습니다. 하지만 그런 그가 우리 모임에는 어쩌면 문제가 될지도 모르겠습니다. 식당 웨이터가 와서 계산서를 주었습니다. 우리는 각자 계산을 했지요. 그런데 새로 가입한 그 손님이 이렇게 말하는 것이었습니다. '웨이터, 내게 영수증을 가져다주세요.

다른 분들도 영수증이 필요할 텐데.' 그는 영수증을 받아 지갑에 넣었습니다. 그가 영수증을 받은 것은 세무서 때문이었습니다. 다른 14명의 회원들이 그 방을 떠나자, 영수증을 받은 그 사람은 다른 사람들에게 이런 말을 했습니다. '영수증을 받은 사람이 문제가 있는 게 아니랍니다. 세무서를 속이는 사람은 자기 부인도 속이지요.'"

믿을 수 없는 이야기입니다. 여러분, 생각해보십시오. 우리 각자가 이런저런 문제가 있을 때 이미 한 번이라도 그 사람처럼 올곧은 자세로 세무서를 찾아가려고 했다면, 지금 우리는 모두 그런 자세로 세무서를 찾아갈 것입니다.[01] 설령 국가가 우리의 정의 관념과 일치하지 않는 관점들에 근거하여 세금을 부과하기로 결정하거나 세금을 깎아준다 할지라도, 우리는 그런 국가를 향하여 올곧은 자세를 견지하는 것을 우리 삶의 규준으로 삼아야 할 것입니다.[02]

제가 다시 한 번 성경의 이 '납세 이야기'를 읽고 나니, 방금 말한 올곧은 납세자 이야기가 떠오르는군요. 신약에는 우리의 흥분을 자아내는 위대한 기사들이 있습니다만, '납세 이야기'는 그런 기사가 아니라 바리새인들과 혜신당원들이 예수께 와서 가이사(황제)에게 세금을 내야 할지 말아야 할지 물은 이야기입니다. 이 이야기는 서두에서 "그들이 예수의 동정을 살폈다"라고 말합니다. 처음에 그들은 예수를 공격할 빌미를 잡으려고 예수의 동정을 살폈습니다. 그러나 종국에 이 이야기는 "그들이 침묵하니라"라고 말합니다. 예수의 동정을 살피던 그들은 다른 질문이 아니라 우리 일상사와 관련된 질문을 던집니다. 바로 이런 질문이었습니다. "주여, 세금을 내야만 합니까?"

우리가 이 질문을 받는다면 그 대답은 예수 때보다 더 간단할 것입니다. 아마 이렇게 대답할 겁니다. "당연히 내야죠. 임금에 붙는 소득세도 내고, 임금 이외의 수입에 붙는 소득세도 내고, 거래세도 내고, 교회세(종교세)[03]도 내야죠." 그러나 예수 당시에는 '주여, 세금을 내야만 합니까?' 라는 물음에 대답하기가 더 어려웠습니다. 예수가 반문(反問)으로 대답하신 점만 봐도 그 대답이 어려웠음을 분명히 알 수 있습니다. 예수는 "데나리온 하나를 내게 보이라"라고 말씀하십니다. 예수 자신은 단 한 푼의 돈도 갖고 계시지 않았던 게 분명합니다. 예수는 또 물으셨습니다. "누구의 형상이 그 위에 새겨져 있느냐?" 그들은 대답하였습니다. "가이사의 형상입니다."

이 이야기는 우리와 아무 상관이 없는 이야기입니다. 우리 중에는 빌헬름 1세,[04] 프리드리히 3세,[05] 빌헬름 2세,[06] 그리고 그 이후에 주조된 옛 주화들로부터 현존하는 주화들을 모두 수집한 사람들이 있습니다만, 어쨌든 그런 사람들에게도 아무 상관이 없는 이야기지요. 이 주화들은 그저 흥미로운 주화들일 뿐입니다. 그러나 예수 당시에는 달랐습니다. 이 가이사라는 사람은 백성이 선출한 사람도 아니었고, 시민들이 원하던 사람도 아니었습니다.[07] 그는 독재자요, 찬탈자였습니다. 로마에 있던 이 황제는 유대 백성을 탄압하였습니다.[08] 예수는 "가이사에게 세금을 내야 하는가?"라는 질문의 의도를 정확히 꿰뚫고 계십니다. 그 질문은 이런 대답을 유도하는 것이었습니다. "자, 이 주화 위에 있는 형상을 봐라. 너희는 이 사람에게 세금을 내고 싶으냐? 우리 민족을 압제하는 이 사람에게 세금을 내길 원하느냐?"

당시 열심당원들은 '황제에 맞서 할 수 있는 모든 일을 해야 하며, 황제에게 복종하지 말아야 한다'고 생각했습니다. 로마가 유대 땅을 점령한 이상, 심지어 테러 공격을 가해서라도 로마에게 복종하지 말아야 한다는 게 그들의 생각이었습니다. 그들에게 로마 황제는 단순히 불신자, 그들과 같은 여호와의 백성이 아닌 자 정도가 아니라 적 그 자체, 적의 괴수였습니다.

그러나 바리새인들은 열심당원들보다는 현실주의자였습니다. 로마에 있는 그 황제란 친구는 그들 마음에 들지도 않았고, 그들을 이해하지도 못하는 사람이었습니다. 말 그대로 그들에게 황제는 이방인 가운데 하나였습니다. 그들은 때에 따라서는 황제와 화해할 필요도 있다고 생각했지만, 그것이 곧 타협하라는 말은 아니었습니다. 다만 황제와 사이좋게 지낼 방법을 알아야 한다는 게 그들의 생각이었습니다.

그런 바리새인들과 열심당원들이 지금 예수께 와서 이렇게 말하고 있습니다. "주여, 대체 어떻게 해야 합니까? 당신은 정말 지혜로우십니다. 당신은 정말 만사에 정통하시니, 분명 해답을 아실 겁니다. 세금을 내야 합니까?"

이 질문은 오늘날 우리들이 받는 질문과 다릅니다. 물론 우리도 세금으로 많은 일을 할 수 있음을 압니다. 또 우리 중에도 설득력 있는 근거들을 제시하면서 이 세금이 올바로 지출되지 않을뿐더러, 올바로 징수된 적도 전혀 없다고 말하는 사람들이 있습니다. 가난한 사람들에게는 너무 많이 뜯어가고, 정작 부자들에게는 너무 적게 받아가는 것이 이 세금입니다. 세금을 거둔 뒤에 그것을 지출하는 내역을 살펴봐도 그렇습니다. 국방비는 장기간에 걸쳐 지출하고 10년 동안 필요한 것을 약정하면서도, 빈민구호보험에는 한 푼도 지출하지 않습니다. 세금에 관한 한 정의로운 게 없는 것은 예수 시대나 지금이나 마찬가지입니다.

예수는 그들에게 말씀하십니다. "그 데나리온을 내게 보이라. 너희는 거기서 누구의 형상을 보느냐?" 그들은 대답합니다. "가이사의 형상입니다. 그러나 그 형상은 광채가 나는 형상이 아닙니다. 사람들이 존경하는 사람의 형상이 아니라 이방인 독재자의 형상이요, 우리 민족의 숨통을 자기 손아귀에 쥐고 있는 사람의 형상입니다." 그러자 예수는 이렇게 말씀하십니다. "그 돈을 도로 그에게 갖다 주어라. 그 돈은 그의 것이다. 너희도 보다시피 그 돈에는 그 사람 형상이 있으니 그 돈은 그의 것이다."

여기까지 들으면 화나는 이야기입니다. 그러나 이 이야기를 여기서 멈춰서는 안 됩니다. 이야기가 계속 이어지기 때문입니다. 예수는 이어서 말씀하십니다. "그리고 하나님의 것은 하나님께 드려라." 이건 무슨 말씀입니까? 이 세상 만물이 일부는 로마 황제

소유, 일부는 하나님 소유라는 말씀입니까? 우리 심정과 정서와 감성과 종교성은 하나님 소유라는 말씀입니까? 이 이야기를 그렇게 결론짓는 사람은 깊이 생각하며 이 이야기를 읽지 않고 주마간산(走馬看山)식으로 대충 넘어간 사람이요, 그리스도인들에게 삶의 양식이 되는 저 광대한 말씀의 궁창을 아주 조금만 상고한 사람입니다. 어쩌면 그런 사람은 성경책을 덮고 우리가 누구의 형상을 갖고 있는지 설명하는 창세기 첫 장부터 다시 시작해야 할지도 모르겠습니다.

"하나님이 자기 형상 곧 하나님의 형상대로 사람을 창조하시니라"(창 1:27). 괴테는 "사람의 최고 행복은 그 인격성이다"[09]라고 말했습니다만, 이 말씀은 그런 낭만적 서술이 아닙니다. 도리어 예수는 그 데나리온에 있는 가이사의 형상이 무엇을 말하는지 말씀하시면서 우리 인생에 관하여 말씀하십니다. 누군가의 형상이 새겨져 있는 것은 그 사람 소유입니다. (가이사의 형상이 새겨져 있는) 그 데나리온은 가이사 소유이지만, (하나님의 형상이 새겨져 있는) 인간은 하나님 소유입니다. 그렇기 때문에 인간 자신이 국가와 사회와 풍습과 관습에 흡수당할 수밖에 없는 곳에서는, 가이사의 권력도 바리새인과 사두개인과 열심당원 앞에서 부서지고 몰락합니다.[10] 그러나 진정 가이사의 권력이 무너지고 끝장나는 이유는 다른 데 있습니다. 그것은 바로 인간 자신이 하나님의 형상을 지니고 있기 때문입니다.

만일 우리 같은 신실한 사람들, 경건한 사람들, 교양 있는 사람들의 얼굴만을 고려 대상으로 삼는다면, 오직 우리만이 하나님의 형상으로 묘사된다면, 실로 멋진 생각일 것입니다. 그러나 그런 일은 없습니다. 하나님이 한 쌍의 부부를 선발하실 때 그 프로필이 마음에 들어 그들을 뽑으신 게 아니었습니다. 단지 그들이 하나님의 소유이기 때문입니다. 가이사 역시 마음에 들지 않는 파트너입니다. 그 가이사는 제 평생이 다하도록 저와 사이좋게 지내기는 그른 사람이요, 제게는 괴롭고 불쾌한 사람입니다. 그러나 그 역시 하나님의 소유이며 그분의 형상을 갖고 있습니다. 젊은 기동경찰이나, 이 경찰과 같은 학급 출신인 시위자나, 모두 하나님 소유입니다. 우리 위에 찍혀 있고 우리 위에 새겨져 있는 형상은 바로 하나님의 형상입니다. 사실 "가이사의 것은 가이사에게 주라"라는 이 말씀은, 여러분이 내야 할 세금을 내고, 하나님이 꼭 필요한 질서를 세우도록 이 세상에 만들어놓으신 국가가 제대로 그 기능을 할 수 있게끔 배려하라는 명령입니다. 우리에게는 이 국가가 필요합니다. 예수는 모든 일이 뒤죽박죽될 수 있다고 말씀하시지 않습니다. 천상의 예루살렘에서 일어날 일들은 진정 질서 있게 이루어지기 때문입니다.

우리는 이 국가를 필요로 하며, 이 국가를 섬깁니다. 우리는 이 국가가 그 기능을 다할 수 있도록 국가가 필요로 하는 것을 제공합니다. 이미 오래전부터 국가는 우리를 통치하는 주체가 아니라 많은 사람들이 이 세상에서 그 실존을 유지할 수 있도록 보살펴주는 곳이 되었습니다. 그러나 이 국가와 이 국가를 섬기는 사람들 사이에는 하나의 경계가 있습니다. 그 경계는 인간의 소유주인 하나님의 소유청구권이 명백하게 나타나는 그곳에서 시작됩니다.

하나님의 형상은 우리 주화 위에 새겨진 모든 형상보다 더 귀중합니다. 사람들이 노예가 아니라 자유인으로서 다른 사람들을 섬기도록 해주는 하나님의 법은 민주국가와 독재국가에 존재하는 모든 세법보다 더 귀중합니다. 손에 양초를 들고 찬송하던 사람들이 슈타지(Stasi)[11]를 무장 해제시킨 일은 교회사에 신기원을 이룩한 사건입니다. 이 사건은 사람들이 국가가 자신들의 소유주임을 더 이상 인정하지 않고, 하나님이 자신들의 모든 삶을 소유하시는 분으로서 소유청구권을 갖고 계심을 실제 행동으로 받아들인 일입니다. 이 때문에 이 사람들은 지난 40년간 정치가 무기력하게 해내지 못했던 그 일, 곧 저 장벽을 무너뜨리는 일을 해낼 수 있었습니다.

하나님의 형상은 가이사의 형상보다 앞에 있고, 가이사의 형상보다 위에 있습니다. 그것이 바로 예수가 말씀하시려는 것입니다. 경건한 제사 의식이 존재하였던 시대에도, 로마 제국의 통치를 받던 모든 곳에도, 하나님은 어디에나 계셨습니다. 어디에나 숭배해야 할 대상이었던 황제의 형상이 있었습니다. 우리 박물관에도 그런 황제의 형상들이 가득합니다. 율리우스 카이사르의 형상도 있고, 아우구스투스의 형상도 있습니다. 우리는 정치가 인간을 영웅으로 만듦을 잘 압니다. 개개의 인물, 그 인물의 면면을 한 민족 또는 한 세대를 이끌어 갈 중요한 존재로 부각시키려 애쓰는 게 정치지요. 우리는 정치의 그런 모습을 우리가 사는 이 시대에도 선전과 현대적 유세라는 수단을 통하여 생생하게 체험하였습니다.

그러나 이 '납세 이야기'는 우리에게 '여러분은 세금을 내십시오. 그러나 특별 공제 항목들과 광고(선전) 비용들은 조금 떼어놓으십시오'라는 이야기보다 더 많은 것을 이야기합니다. 이 이야기는 우리에게 어떤 형상, 어떤 모양도 만들어서는 안 된다는 것을 말씀합니다. 그래서 '십계명' 기사도 이렇게 명령합니다. "너를 위하여 새긴 우상을 만들지 말고, 또 위로 하늘에 있는 것이나 아래로 땅에 있는 것이나 땅 아래 물속에 있는 것의 어떤 형상도 만들지 말며, 그것들에게 절하지 말며 그것들을 섬기지 말라"(출 20:4-5). 이렇게 어떤 형상이나 모양도 만들지 말아야 하는 것은 여러분의 생명이 바울의 말처럼 그리스도와 함께 하나님 안에 감추어졌기(골 3:3) 때문입니다. 하나님의 형상이 여러분 위에 새겨져 있습니다. 영웅뿐만 아니라 연약한 자들과 곤궁한 자들과 몸이 불편한 자들과 실패한 자들 위에도 모두 그 형상이 새겨져 있습니다. 그들이 모두 하나님의 형상을 갖고 있습니다. 만일 우리가 이 형상만을 바라본다면, 우리가 모든 가이사의 형상을 섬기는 일을 그만둔다면, 과연 어떻게 될까요? 신약의 말씀은 이렇게 대답합니다. "사랑하는 자들아, 우리가 지금은 하나님의 자녀라. 장래에 어떻게 될지는 아직 나타나지 아니하였으나 그가 나타나시면 우리가 그와 같을 줄을 아는 것은 그의 참모습 그대로 볼 것이기 때문이니"(요일 3:2).

우리가 그분을 만날 때가 살아 있을 때일 수도 있고 이미 죽었을 때일 수도 있지만, 그렇게 만나도 좀처럼 알 수 없는 그분, 너무나 자주 당신을 숨기시고 활활 타는 가시덤불 속에서 아주 조금 당신을 드러내신 이 하나님을 찾는 자에게 그분의 모습이 분명하게 드러날 날이 있을 것입니다. 「요한1서」의 말씀은 바로 그런 뜻입니다. 그분은 우리를 아주 범속하게 다루시고, 우리가 경건한 티를 거의 내지 않고 살아가도록 허용하시며, 감정과 황홀한 심정을 아주 조금 베풀어주셨습니다. 우리는 그분을 신뢰할 수 있습니다. 그분은 우리 삶에서 당신 손을 거두시지 않습니다. 그분은 우리를 거짓 형상들을 섬기는 일에서 떼어놓고 싶어 하십니다. 그분은 우리가 가이사의 것은 가이사에게 주기를 원하십니다. 그러나 우리는 우리 삶과 기쁨과 고통과 소망과 확신을 그 어떤 황제, 그 어떤 독재자, 그 어떤 민주 정치가에게도 주지 아니하고, 오로지 하나님 그분께 드려야 합니다. 우리가 아는 그분의 형상은 오로지 십자가에 못 박히고, 모욕을 당하며, 관원들에게 버림받은 사람의 형상입니다. 그 형상은 우리가 더 이상 시험에 걸려 넘어지지 아니하고, 당신이 우리에게 숨기신 그날, 당신이 우리로 하여금 사랑의 하나님이시자 의의 아버지이신 당신 모습을 깨닫게 하실 그날을 앙망하며 살아갈 수 있도록 당신의 생명을 내어주신 분의 형상입니다.

01. 첫 단추를 잘 꿰었다면 그 다음 단추를 채우는 것도 문제가 없을 것이다. 처음부터 성실하고 정직한 납세자라면 그 이후로도 세무서를 대할 때 항상 떳떳한 마음을 가질 수 있을 것이라는 뜻이다.

02. 독일은 과거부터 약자를 배려하고 평등을 강조하는 사회민주주의와 복지국가 사상을 중시하였다. 이런 사상은 현재의 독일 기본법(우리의 헌법에 해당)에도 반영되어 있다. 이를테면 대학 학비도 영국이나 미국에 비하면 지극히 저렴하다. 경제 능력이 없어서 공부할 수 없는 사람이 없게 하려는 약자 보호 사상이 반영된 것이다. 그러나 여기에 필요한 재정을 세금으로 충당하다 보니 개인의 담세율이 높다. 이 때문에 사업을 하는 사람들 같은 경우에는 세금을 덜 내려고 세금이 적은 인접 국가로 사업장을 옮기는 경우도 많다고 한다. 문제는 '그리스도인들 역시 이런 절세나 탈세 행렬에 가담해야겠는가?' 이다. 당장 세금이 많아서 손에 쥐는 가처분소득이 줄어든다 할지라도, 가난한 이웃을 사랑하고 전 국민의 복지를 생각한다면, 그리스도인들은 그런 행렬에 끼어들어서는 안 될 것이다.

03. 독일은 자신이 기독교인임을 밝힐 경우 소득 중 일정 비율을 종교세로 원천 징수하여 교회를 유지하고 목회자에게 사례를 지급하는 데 필요한 비용을 충당하고 있다.

04. 1797년에 태어나 1888년에 세상을 떠난 통일독일제국의 첫 황제. 1861년에 프로이센 왕으로 즉위하여, 재상인 오토 폰 비스마르크와 함께 부국강병 정책을 실시, 결국 독일 통일을 이뤄내고 1871년에 독일제국 황제로 즉위하였다.

05. 1831년에 태어나 1888년에 세상을 떠난, 빌헬름 1세의 아들이다. 아버지나 비스마르크와 달리 군국주의가 아닌 자유주의 성향을 지닌 황제였으며, 이 때문에 비스마르크와 대립하기도 하였다. 즉위한 지 석 달 만에 암으로 세상을 떠났다.

06. 1859년에 프리드리히 3세와 영국 빅토리아 여왕의 딸인 모친 사이에서 태어나 1941년에 망명지인 네덜란드에서 세상을 떠났다. 즉위 초에 재상인 폰 비스마르크를 몰아내고 혼자 모든 통치권을 장악하여 강력한 제국주의 정책을 실시하다가 결국 1차 대전을 일으켰다. 1918년 패전과 함께 제위에서 쫓겨나 네덜란드로 망명하였다.

07. 예수가 태어나실 당시에 로마 황제는 저 유명한 율리우스 카이사르의 양자요, 훗날 원로원으로부터 존엄한 자(아우구스투스, Augustus)라는 칭호를 받은 가이우스 율리우스 카이사르 옥타비아누스 아우구스투스(재위 B.C.27-A.D.14)였다. 그 뒤를 이어 황제가 된 인물이 바로 율리우스 카이사르 아우구스투스 티베리우스(재위 A.D.14-37)였다. 이 사람은 본디 아우구스투스의 부인인 리비아 드루실라의 전 남편 티베리우스 클라우디우스 네로의 아들이었으나 아우구스투스에게 아들이 없었기 때문에 그 사위가 되어 제위를 물려받았다. 56세에 즉위하였는데, 자기 처까지 죽일 정도로 폭정을 행하였고 사치가 심하였다.

08. 로마 당국은 징세권을 거액을 받고 로마 시민에게 임대해주었으며, 이 징세권 임차인들은 세리들을 고용하여 자신들에게 할당된 세액 이상의 금액을 늑탈해 갔다. 또 백성들을 무력으로 제압하고자 유대 총독이 머물던 가이사랴에 군 병력을 주둔시켰으며, 예루살렘 성전 옆에도 안토니아 요새를 구축하여 병력을 배치해 놓았다.

09. 괴테가 쓴 'Volk und Knecht und Überwinder'라는 시의 첫 번째 연에 등장하는 말이다. 그 첫 연은 이렇다. "Volk und Knecht und Überwinder / Sie gestehen, zu jeder Zeit / Höchstes Glück der Erdenkinder / Sei nur die Persönlichkeit." 번역하면, "백성과 노예와 정복자 / 어느 시대에나 이들은 있었도다. / 땅의 사너들의 최고 행복은 / 오직 인격성이 될지어다"라고 할 수 있겠다. 괴테는 인간의 가치를, 자신의 삶을 스스로 결정하고 이끌어나갈 수 있는 힘에서 찾았다. 라우 대통령은 2004년 1월 30일에 독일 학술원 총회에서 연설할 때 이 시구를 다시 인용하면서, 이 구절은 인간이 자신의 인생 행로를 스스로 결정할 수 있는 능력을 갖고 있음을 표현한 것이라고 이야기하였다.

10. 바리새인과 사두개인과 열심당원의 마음속에는 이스라엘이라는 국가와 유대 사

회와 그 종교 및 관습이 새겨져 있었다. 때문에 이들 앞에서는 로마 황제의 권력
도 아무것이 아니었다.

11. 독일 통일 이전 옛 동독의 비밀경찰인 '국가안보부'를 말한다.

의의 길이 우리를 생명으로 인도합니다
1997년 라이프치히에서 열린 독일 개신교 교회대회에서 한 성경 강론[01]

이제는 율법 외에 하나님의 한 의가 나타났으니 율법과 선지자들에게 증거를 받은 것이라. 곧 예수 그리스도를 믿음으로 말미암아 모든 믿는 자에게 미치는 하나님의 의니, 차별이 없느니라. 모든 사람이 죄를 범하였으매 하나님의 영광에 이르지 못하더니, 그리스도 예수 안에 있는 속량으로 말미암아 하나님의 은혜로 값 없이 의롭다 하심을 얻은 자 되었느니라. 이 예수를 하나님이 그의 피로써 믿음으로 말미암는 화목제물로 세우셨으니, 이는 하나님께서 길이 참으시는 중에 전에 지은 죄를 간과하심으로 자기의 의로우심을 나타내려 하심이니, 곧 이때에 자기의 의로우심을 나타내사 자기도 의로우시며 또한 예수 믿는 자를 의롭다 하려 하심이라. 그런즉 자랑할 데가 어디냐? 있을 수가 없느니라. 무슨 법으로냐, 행위로냐? 아니라, 오직 믿음의 법으로니라. 그러므로 사람이 의롭다 하심을 얻는 것은 율법의 행위에 있지 않고 믿음으로 되는 줄 우리가 인정하노라. 하나님은 다만 유대인의 하나님이시냐, 또한 이방인의 하나님은 아니시냐? 진실로 이방인의 하나님도 되시느니라. 할례자도 믿음으로 말미암아, 또한 무할례자도 믿음으로 말미암아 의롭다 하실 하나님은 한 분이시니라. 그런즉 우리가 믿음으로 말미암아 율법을 파기하느냐? 그럴 수 없느니라. 도리어 율법을 굳게 세우느니라.

(로마서 3:21-31)

사랑하는 교우 여러분, 저는 라이프치히를 여러 차례 방문하였습니다. 어릴 적에도 왔었고, 학생 시절에도, 청년 시절에도 왔었습니다. 이곳이 독일민주공화국(동독)에 속해 있었던 때에도 왔었습니다. 저는 여기 라이프치히에서 열리는 미사에 자주 참석했습니다. 당시에는 서독 정치가가 동독에서 열리는 미사에 초대받아 그 미사에 참석하고 대화를 나눈다는 것이 진기한 일이었습니다. 제가 갔던 곳이 할레 11번지였는지 할레 3번지였는지 모르겠습니다. 하지만 최근 몇 년 동안, 그러니까 1985년부터 1989년에 이르는 기간에는 외투를 입지 않고 그 미사에 참석하는 것이 슬기로운 일이었음을 잘 알고 있습니다. 본디 거기에는 사람들로부터 외투를 벗겨준 다음 그 외투들을 옷장에 갖다놓던 친절한 남자들이 있었습니다. 그런데 1985년부터 1989년에 이르는 기간에는 사람들이 미사에 가면 표를 하나 건네받았고, 표를 받은 사람들은 그 표를 주머니에 넣었습니다. 그런데 여기서 깜빡 하고 그 표를 외투 주머니에 넣기라도 하면 큰일이었습니다. 그리하면 그 표들은 사라져버리기 때문이었습니다. 그 표들은 더 이상 여기에 살지 않던 사람들[02]에게 주어진 표였습니다. 이곳이 옛 동독 땅이었을 때 이곳을 떠나고 싶어 하던 사람들은 그 표를 꼭 갖고 있어야 했습니다. 사람들은 그 표를 (동독 밖으로 나가고 싶다는 뜻을 담은) 국외여행희망서라고 불렀습니다. 제가 그 이야기를 지금 하는 이유는 이제 그런 표가 더 이상 존재하지 않는 때에 여기를 오게 된 것이 진정 큰 행복이기 때문입니다. 지금 우리는 1954년 라이프치히에서 열렸던 첫 번째 독일 개신교 교회대회 때와 반대로, 더 이상 국가와 국가로 나뉘지 않고, 또 다시 두 개의 나라로 살아가지 않게 된 시대에 서 있습니다. 저도 나이가 많은 사람이기 때문에 거의 모든 교회대회를 겪어보았습니다. 하지만 1954년 라이프치히 대회만은 직접 참석하지 못하였습니다.

1954년 라이프치히 교회대회는 당시 본에서 열광적 반응을 불러왔습니다. 그 대회가 그런 반응을 불러온 이유는, 당시 서독의 모든 신문에 똑똑히 실려 있던 한 사진 때문이었습니다. 그 사진 속에는 독일연방공화국(옛 서독) 연방의회 하원의장이 독일민주공화국(옛 동독) 인민의회 의장과 나란히 앉아 있는 장면이 생생하게 나타나 있었습니다. 그리고 그 두 사람은 함께 찬송가를 부르고 있었습니다. 그 사진을 본 본(Bonn) 정부(서독 정부)는 격노하였습니다. 그러나 저는 그 사진에서 잘못된 것을 하나도 발견하지 못하였습니다. 제 생각에는 서독과 동독의 그리스도인들이 함께 모여 찬송하는 일이 전혀 화낼 일이 아니었기 때문입니다.

오늘 우리도 봄을 화나게 만들려고 이 자리에 온 것이 아닙니다. 도리어 우리는 이 1997년 라이프치히 대회가 과연 무슨 말씀을 선포하며 무슨 소식을 알려줄 수 있는지 물어보려고 이 자리에 모였습니다. 이 1997년 라이프치히 대회는 그 규모나 주변 상황을 놓고 볼 때, 43년 전인 1954년에 이곳에서 열렸던 대회와 확연히 다릅니다. 그럴지라도 이 대회와 당시 대회는 나란히 그리고 단단하게 연결되어 있습니다.

1954년 대회와 1997년 대회 사이에는 하나의 교차점이 있다기보다 하나의 일치점이 있다고 말할 수 있겠습니다. 두 대회가 모두 「로마서」에 있는 말씀에 집중하고 있다는 점이 바로 그 일치점입니다. 「로마서」는 본디 우리에게 주어진 말씀이 아니라 로마에 있던 그리스도인들에게 보낸 서신이었습니다. 이 서신은 거의 대부분의 시민들이 이교도이던 한 도시의 그리스도인들에게 보낸 것이었습니다. 당시 로마에는 아주 작고 거의 알려지지 않았던 그리스도인들의 공동체가 하나 있었습니다. 우리가 알기에 이 공동체는 늘 불화하고 하나가 되지 못하였고, 공동체 내부에는 다툼이 존재하였습니다. 그러나 이 공동체는 그들의 삶을 향하신 하나님의 뜻이 무엇인지 물었습니다. 1954년 대회도 로마의 공동체와 비슷하였습니다. 로마에 있던 공동체는 "소망 중에 즐거워하라!"(롬 12:12)라는 명령을 받았습니다. 1954년 대회의 표어 역시 "소망 중에 즐거워하라!"였습니다. 1954년, 그 시대에 여러분 주위에 있는 사람들은 하나님의 뜻을 묻지 않고 살았습니다. 그렇다고 해서, 하나님을 믿지 않고 자기를 하나님보다 앞세운다는 의미의 무신론자들도 아니었습니다. 그렇지만 여러분 주위에 있는 그들은 분명 하나님의 뜻을 묻는다는 말에 더 이상 감동을 받지 않았습니다. 당시 이런 상황 속에서 적은 수의 그리스도인들이 소망을 품도록 부르심을 받았습니다. 소수의 그리스도인들이 비참함에 맞서도록 부르심을 받았던 것입니다.

세상을 살면서 이 세상을 오로지 자기중심으로 바라보는 사람들이 있습니다. 그들은 마치 "미안하지만, 나의 주인은 나입니다"라고 말하고 싶어 하는 사람들 같습니다. 그런 사람들은 하나님 뜻을 물으려고 하지도 않고, 그분 뜻을 따라 살지도 않습니다. 하지만 이런 사람들과 달리 고난 중에 인내하고, 소망 중에 기뻐하며, 쉬지 않고 기도하는 사람들이 있습니다. "고난 중에 인내하고, 소망 중에 기뻐하며, 쉬지 않고 기도하라." 1954년 당시에는 이것이 구호이자 기도 문구였습니다.

1954년 당시 독일은 이미 7년째 둘로 나뉘어 있었습니다.[03] 그러나 우리는 1954년 대회에 서독 대표로 참석한 헤르만 엘러스와 동독 대표로 참석한 요하네스 딕크만의 모습에서는 그런 분열을 느끼지 않았습니다. 당시 두 독일의 분열은 이미 깊어질 대로 깊어져, 서독에 살던 많은 사람들은 이런 노래를 부르며 살아가고 있었습니다. "당신 소포는 미국으로, 당신 가방은 이탈리아로!"[04] 두 독일 사람들은 서로 방문하지 않았고, 접촉도 중단되었습니다. 7년간의 단절은 이미 둘 사이에 깊은 골을 만들어놓았습니다.

그러나 이 1997년 대회를 맞이한 지금, 우리는 이미 7년을 분열되지 않은 채로 살아왔습니다. 그런 대회에서 우리에게 다시 「로마서」의 말씀이 주어졌습니다. 동시에 지금 우리는 이런 질문을 우리 자신에게 던집니다. '우리는 통일된 뒤 7년 동안 분열되지 않은 채로 지내왔는가? 이 7년 동안의 통일은 진정 우리를 하나로 묶어주었는가? 이 통일 덕분에 독일의 여러 란트에 사는 사람들이 다양성과 부를 분명히 누리게 되었는가? 우리는 그 밖에도 1989년 당시, 이 도시 라이프치히에서 시작된 많은 일들이 의미하는 바를 이해하였는가?' 1989년은 우리 독일 사람들에겐 역사상 한 번 더 찾아온 흥륭(興隆)의 시기였습니다. 물론 다른 많은 요인들의 도움도 있었지만, 그 요인들은 그리 뚜렷하게 나타나지는 않았습니다. 독일 역사를 관찰하고 다른 민족들의 역사를 관찰해본 사람들은 많은 혁명을 발견할 것입니다. 그 혁명의 대부분은 유혈 혁명이었습니다. 촛불과 월요 기도, 그리고 복수를 외치는 함성이 아니라 평화를 갈구하는 외침과 더불어 평화롭게 이루어진 혁명은 거의 찾아볼 수 없습니다.

우리는 지금 라이프치히에 있습니다. 1989년 당시 이 라이프치히의 많은 시민들이 집 밖으로 나와 평화 기도에 동참했습니다. 저는 오늘 아침 니콜라이 교회에 갔다가 성경 강론을 들으러 온 많은 사람들이 교회 문이 열리기를 기다리는 모습을 보면서, 그리고 당시 우리가 그 평화 기도에 동참할 수 있었던 일(우리 서독 사람들 가운데 몇몇도 당시 그 평화 기도 현장에 있었습니다)이 어떻게 이루어졌는지 되새겨보면서, 그때 정말 많은 라이프치히 시민들이 그 기도에 동참했다는 사실을 다시 한 번 분명히 인식하게 되었습니다.

끈질긴 기도와 타오르는 촛불은 여기 라이프치히에도 있었지만 드레스덴과 베를린과 다른 많은 도시에도 있었습니다. 그 일은 결코 잊을 수 없습니다. 언제나 독일 통일만을 생각했고, 지금 통일된 독일을 보고 있는 한 서독인[05] 역시, 어쨌든 그 일을 결코 잊지 못합니다. 1954년 당시에는 7년 동안 분열이 있었지만, 1997년 지금은 7년 동안 통일이 있었습니다. 많은 것이 더 좋아지고 달라졌습니다만, 또 더 힘들어진 것도 많은 게 사실입니다. 많은 각성이 있는 반면, 많은 피해도 있습니다. 말하기 고통스럽긴 하지만, 지독한 환멸이 있는 것도 사실입니다. 통일 당시 약속되었던 일들이 모두 이행되지는 못했습니다. 많은 약속들이 불이행 상태로 남아 있습니다. 게다가 새로운 문제들이 나타났습니다.

만일 '의(義)'라는 말이 이 대회를 규정하는 표어라면, 우리는 우리 옆에 있는 불의, 지금 자라나는 많은 청소년들에게 저질러지고 있는 불의한 일도 이 대회에서 이야기해야만 합니다. 이 청소년들은 미국 중심의 단일한 사회 경제 체제로 바뀌어가는[06] 우리 사회가, 이런 사회에서 단지 장래성이 보이지 않는다는 이유로 그들을 하우프트슐레(Hauptschule)[07]를 마치기가 무섭게 하나같이 일자리를 주선하는 사회노동청으로 보내버린다는 생각을 갖고 있습니다. 나아가 우리는 의를 향한 우리의 추구가, 아무리 이 추구를 진지하게 받아들인다 해도 늘 지평선을 잡는 것(즉 뜬 구름을 잡는 것) 같은 일이라는 점도 이야기해야만 합니다. 사람은 자기가 원하는 만큼 팔을 뻗을 수 있습니다만, 우리 팔은 늘 너무나 짧습니다. 때문에 우리 팔은 결코 그 의라는 지평선에 닿지 않습니다. 그래도 저는 옛 동독 시절에 저 표를 잃어버리지 않으려고 외투를 벗지 않았던 사람으로서 이야기합니다. 우리가 이 라이프치히에서 1997년 독일 개신교 교회대회를 열 수 있다는 것은 행복한 일입니다. 저 자신이 이 대회에 참석할 수 있다는 것이 제겐 큰 기쁨입니다.

사실 우리가 5,000개의 사건을 담고 있는 이 두꺼운 책을 갖고 있다는 것이 이 대회를 행복한 사건으로 규정하게 만드는 것이 아닙니다. 물론 이 책을 갖고 있다는 것 역시 감미로운 일입니다. 그러나 그것 때문에 이 대회가 행복한 사건이 된 것은 아닙니다. 우리에게 여러 가지 일이 벌어질 수 있는 가능성이라는 시장이 존재한다는 것 역시 이 대회를 행복한 사건으로 만드는 원인은 아닙니다. 그 시장은 제가 오늘도 이것 또는 저것을 볼 수 있기를 소망하는 곳이요, 너무나 큰 다양성이 존재하여 사람들에게 혼란을 불러일으킬 수 있는 곳이지만, 그것 때문에 이 대회가 행복한 것은 아닙니다. 제가 올바로 보았다면, 우리가 쉼 없이 성경이 말씀하는 바를 묻고 있다는 것이 바로 이 대회의 행복입니다. 오늘을 사는 우리의 행복은 성경이 말씀하는 바가 무엇인지 묻는 일을 중단하지 않는다는 것입니다. 옛적에 로마에 살았던 형제자매들뿐만 아니라 라이프치히, 호이어스베르다, 부퍼탈, 딘켈스뷜에 사는 우리에게도, 나아가 우리가 사는 어디에서나 행복은 바로 그것입니다.

일상의 삶은 우리에게 양식(糧食)을 요구합니다. 우리는 그것을 먹음으로써 살 수 있고, 그것을 먹음으로써 고난을 이겨낼 수 있습니다. 문제는 이 성경에 그런 양식이 있는가, 이 성경이 그런 양식을 우리에게 제공해주는가, 우리가 도전을 맞을 때나 기쁠 때나 호기를 맞을 때나 좋은 기회를 놓쳐버렸을 경우에도 이 성경이 우리에게 양식을 제공해주는가입니다. 여기서 양식은 우리에게 즐거움을 안겨주는 꿀과자가 아니라, 성실하고 정직한 음식을 의미합니다. 그 음식은 보잘것없는 검은 빵일 경우가 많습니다. 하지만 바로 그 빵이 우리에게 자양분과 힘을 공급하여, 우리가 실족하지 않고 가야 할 길을 꿋꿋이 걸어가도록 만들어줍니다. 그렇기 때문에 이 대회도 '의(Gerechtigkeit)와 의의 길(Weg der Gerechtigkeit)'을 표어로 정한 것입니다. 그 의의 길이 우리를 결코 사라지지 않을 생명으로 인도하기 때문입니다. 여기 이 대회에서 수천 번의 만남이 이루어지고 수천 개의 사건이 일어난다 할지라도, 무엇보다 중요한 것은 바로 그 의와 의의 길입니다.

그 의와 의의 길이 중요하기에, 1989년에도 평화 시위로 감동을 불러일으킨 사람들과 그 평화에 감동받은 사람들이 이 라이프치히의 1813년 라이프치히 전투[08] 승전 기념비 아래에 모였던 것입니다. 그 사건은 우리에게 이 시대와 전혀 다른 한 시대를 떠올려줍니다. 그 시대에 이 도시에서는 전독일노동자동맹(Allgemeine Deutsche Arbeiterverein)[09]이 결성되었습니다. 한때 자신이 산업

혁명의 요람이었음을 분명하게 자각하였던 이 도시 라이프치히에서 그 동맹이 결성되었던 것입니다. 우리는 동등한 시민으로 대우받고 임금협약의 평등한 당사자가 되어야 했지만, 그러지 못하고 기업(과 권력)에 예속당한 채 억압받았던 사람들이 겪은 기나긴 고통의 역사를 기억합니다. 그런 고통의 역사도 여기 라이프치히에서 시작되었습니다. 하지만 우리는 이런 역사의 흐름을 통하여, 모든 것이 그저 더 나빠지기만 하는 것은 아니라는 점, 숙명은 결코 피할 수 없는 비운이 아니라는 점, 사람이 만들어낼 수 있는 것도 있다는 점을 분명하게 깨닫습니다.

어쩌면 여러분은 제가 지방자치단체에서 활동해온 정치가요, 여러 도시들을 사랑한다는 사실을 이미 오래전에 간파하셨을지도 모르겠습니다. 우리가 지금 강론하는 성경 본문을 듣고 있는 이 도시에서는 많은 찬송이 만들어졌습니다. 그 찬송가들은 수백 년이 넘도록 우리에게 양식이 되어주었습니다. 우리가 부르는 많은 찬송들은 요한 제바스티안 바흐가 여기 라이프치히에서 만든 것들입니다.[10] 뿐만 아니라, 우리 중에는 살아오는 동안 "성령이 우리 연약함을 도와주시네/우리가 마땅히 빌 바를 알지 못하니(Der Geist hilft unserer Schwachheit auf, denn wir wissen nicht, was wir beten sollen, wie sich's gebührt!)"[11]라는 찬송의 선율과 가사로부터, 그 어떤 설교보다도 더 많은 도움을 받았던 시절을 체험한 이들이 몇몇 있습니다. 그들이 오랫동안 삶의 질고로 말미암아 하나님의 음성을 듣지 못했을 때, 이 찬송의 선율과 가사가 그들을 도와주었습니다.

그런 점에서 저는 우리가 "거기서 행하는 이들은 복이 있도다(Wohl denen, die da wandeln)"[12]라는 찬송시가 쓰인 이 도시에 모였다는 사실이 즐겁습니다. 또 우리는 이 라이프치히를 보며 "하나님을 사랑한다면서, 자기 형제를 미워하는 자는(So jemand spricht, ich liebe Gott, und hasset seinen Bruder)"[13]이라는 찬송을 떠올리게 됩니다. 이 찬송 역시 성경 말씀을 들려줍니다. 마지막으로, 간절한 심정으로 부르짖는 것 같은 찬송인 "나를 영원히 당신의 소유로 삼으소서(Lass mich dein sein und bleiben)"[14]도 떠올리게 됩니다. 이 찬송 역시 여기 라이프치히에서 태어났습니다.

이런 사실들을 배경 삼아, 우리는 이 도시에 모여 하나님의 의에 관하여 이야기하고 있습니다. 마지막으로 저는 마르틴 루터가 바로 이 라이프치히에서 로마 가톨릭교회와 논쟁을 벌였다는 사실을 지적하고자 합니다. 그 논쟁이 바로 엑크 박사와 벌인 라이프치히 토론[15]이었습니다. 그 토론에서 루터는 종교회의들(Konzilien)도 잘못을 범할 수 있다고 주장했습니다. 바로 이곳에서 루터는 면죄부 판매를 논박하였고, 바로 이곳에서 인간 자신의 행위로 말미암아 의를 얻는 것은 기독교 신앙이 아니요, 우리는 오직 하나님의 의로 말미암아 의롭게 될 뿐이라고 말했습니다. 「로마서」는 개신교의 심장입니다! 마르틴 루터는 오늘 아침 우리가 집중하여 살펴보고 있는 「로마서」 3장 본문을 「로마서」와 성경에 있는 모든 책의 핵심이요, 중앙광장"이라고 불렀습니다. 인간은 모두 죄인인데도 하나님이 은혜로 의롭다 함을 허락하심을 명백히 보여주는 본문이, 다름 아닌 이 「로마서」 3장이기 때문입니다. 성경은 이런 하나님의 은혜를 인간의 형상만큼 아주 생생하게 보여주고 있습니다.

이 독일 개신교 교회대회는 「로마서」 3장 23절을 "그들이 모두 죄를 범했다(Sie haben alle gefehlt)"라고 번역했습니다. 루터는 이 본문을 "그들이 모두 죄인이다(Sie sind allesamt Sünder)"라고 번역하였습니다.[16] 이 말씀에서 예외가 될 수 있는 사람은 아무도 없습니다. 우리가 아무리 선한 삶을 살았어도, 우리 행위는 아무 쓸모가 없습니다(umsonst). 아무 쓸모가 없다는 말은 헛되고 무익하다는(vergeblich) 말입니다. 이 말씀을 새겨듣는 것이 좋습니다. 이 말씀을 흘려듣는 것은 좋지 않습니다. 다른 특별한 사람들만이 빛 가운데 있고, 우리는 여전히 어둠 속에 있다고 믿는 것은 좋지 않습니다. 사람들이 우리를 의롭다 하시는 이 판결의 진지함을 알게 된다면, 비로소 그들은 이 본문이 좋은 소식임을 확신할 수 있을 것입니다. 사람들은 모두 죄인입니다. 그 어떤 면죄부도 그들을 도와주지 못합니다. 신문에 그 선행이 대서특필되어도 의인이 될 수 없고, 관직과 고귀한 기품으로 이것저것을 돋보이게 해보려는 시도도 쓸데없습니다. 우리 손은 너무나 짧습니다. 의라는 지평선에 도달하기에는 우리 손이 너무나 짧습니다.

「로마서」 3장은 새로운 말씀이 아닙니다. 이 말씀은 이미 「창세기」에서 선포되었습니다. "사람의 마음이 계획하는 바가 어려서부터 악함이라"(창 8:21). 예나 지금이나 이것은 한결같은 사실입니다. 땅은 더럽혀졌고 하늘에는 구멍이 뚫려 있습니다. 사람들 사이의 관계는 깨어졌습니다. 우리 손에는 아무것도 없고 우리에게는 내놓을 것이 아무것도 없습니다. 이런 상황에서 하나님의 의를 전하는 말씀이 우리에게 이르렀습니다. 우리는 누군가에게 의가 주어지면, 그것이 아주 무서운 일이 될 수도 있음을 체험하였습니다. 그 때문인지 우리는 그 의라는 말을 들으면 아주 빨리 민감한 반응을 보입니다. 그러나 우리는 이 의(정의)가 희랍인들이 쓴 드라마의 소재였음을 알고 있습니다. 하지만 희랍에서는 기껏해야 "눈에는 눈, 이에는 이" 정도가 정의였습니다.

사람이 말하는 의(정의)는 하나님의 의와 다릅니다. 아무리 우리에게 주어진 재능을 다 모아도, 우리가 거둔 성과들을 모두 합쳐보아도, 미와 지식과 고매한 인격을 갖고 있어도, 이 하나님의 심판을 통과할 사람은 우리 가운데 아무도 없습니다. 바로 이런 사실을 배경으로 하여 하나님의 의가 우리에게 선포됩니다. 이 소식은 완성된 것이 아닙니다. 도리어 이 소식은 옆으로 조금씩 움직이며 그 지경을 넓혀갑니다. 하나님은 우리에게 우리가 뭔가를 이루지 못하는 게 문제가 아니라, 우리가 뭔가를 이루었다 해도 그것이 아무런 의미가 없다고 말씀하십니다. 바로 이 말씀이 하나님의 의를 옆으로 조금씩 움직이며 그 지경을 넓혀가고 있습니다.

디트리히 본회퍼는 결연한 태도로 늘 이렇게 말했습니다. "하나님은 우리의 모든 악에 종지부를 찍으신 분이요, 너무나 크신

분이며, 우리의 선한 행실들조차도 무위로 만드시는 분이다." 그렇습니다. 그 모든 것은 아무 쓸모가 없습니다. 도리어 우리 삶의 의미는 하나님이 우리를 이 모습 이대로 사랑하신다는 점에 있습니다. 하나님께 있는 우리의 의는 우리 바깥에 있습니다. 하지만 우리의 의가 하나님께 있다는 표현에는 질문의 여지가 있습니다. 성경은 분명히 우리가 그리스도 예수 안에 있는 것을 우리 의의 근거로 제시하기 때문입니다. 우리가 살펴보고 있는 「로마서」 3장에는 "(죄인들에게는) 모든 영광이 없다"[17]라는 말씀이 나옵니다. 이렇게 모든 영광이 사라지고 없을 때에는, 이 대회 회의록에 실려 있는 대회 자체의 번역문대로 인간의 어떤 공로나 행위도 하나님의 영광에 이르는 데 아무 쓸모가 없습니다.

저는 이제 더 이상 라틴어를 많이 기억하지 못합니다만, 그래도 여전히 알고 있는 게 있습니다. 라틴어에는 독일어 'umsonst'[18]에 해당하는 단어가 두 개 있습니다. 그 둘은 'frustra'와 'gratis'[19]입니다. 우리는 'frustra'라는 말을 자주 봅니다. 우리는 좌절(낙담, Frustration)이 근대주의자들이 내린 진단이라는 인상을 받을 때가 많습니다. 도처에 좌절한 사람들이 있습니다. 좌절은 우리 시대를 규정하는 단어입니다. 그러나 「로마서」 3장이 말씀하고자 하는 것은 이런 좌절이 아니라, 오히려 그와 정반대 것입니다. 바로 'gratis'이지요. 이 'gratis'가 의미하는 바는, 루터가 말했던 "오직 은혜!(sola gratia!)"가 의미하는 바로 그것입니다. "오직 은혜"는 우리가 하나님의 의를 얻을 때 우리가 보탠 것은 아무것도 없음을 일러줍니다.

사람들은 우리 개신교인들을 하나님의 의가 값없는 것이요, 기꺼이 주어진 것이라는 소식에서 떠난 사람들이라고 생각할 때가 많습니다. 우리가 아주 즐겨 하는 말이 있습니다. 바로 이 말입니다. "수많은 조그만 사람들이 수많은 조그만 동네에서 수많은 조그만 일들을 행함으로 이 땅의 얼굴을 바꿔놓을 것이다." 진정 그렇게 될 수 있습니다. 그러나 인간의 모든 행위는 인간 자신을 의롭게 하려는 것이라는 의심을 받고 있다는 게 「로마서」가 말씀하는 것이라고 루터는 생각했습니다. 그래서 마르틴 루터는 「로마서」 서언에서 이렇게 말합니다. "믿음 때문에(믿음을 보이려고) 하는 일은 살아 있고, 집중하게 되며, 바쁘고, 활력이 넘칩니다. 따라서 믿음 때문에 일하는 사람은 쉬어가면서 선을 행할 수 없습니다. 그러나 믿음 때문에 일하는 사람은 선한 일을 행해야 하는가를 묻지 않습니다. 이런 사람은 사람들이 부탁하기도 전에 선한 일을 해버리고 늘 그 일에 몰두합니다."

이 말은 우리 일상에서 어떤 의미를 갖고 있을까요? 하나님의 의는 우리 생명처럼 하나님이 우리에게 주신 그분의 은혜입니다. 어떤 사람이 어떤 위(位, 직위나 학위)를 받게 되면 사람들은 그 사람을 그 위로 부릅니다. 박사 학위를 받은 사람을 아무개 박사라고 부르는 게 그 예입니다. 하나님은 하나님 당신이 인간에게 주신 의를 인간의 위를 이루는 한 부분으로 보십니다. 그렇기 때문에 사람이 불의에 저항하고 인권이 침해될 때 저항하는 것은 인간다운 것입니다(인간이 하나님으로부터 받은 위에 합치합니다). 저항하지 않는 사람은 독재자가 그에게 내리는 명령을 받아들일 수밖에 없습니다. 그러나 개신교(Protestantismus)의 저항(protestieren)은 비단 온갖 폐해들에 맞섰다는 의미뿐만 아니라, 자신의 동포(이웃)를 위하여 저항하였다는 의미도 갖고 있습니다.

여러분 가운데에는 목사이자 철학 교수인 리하르트 슈뢰더를 아시는 분이 많을 겁니다. 그가 1996년 2월에 「쥐트도이체 차이퉁(Süddeutsche Zeitung)」과 가진 인터뷰에서 한 말이 있습니다. 저는 그 말을 맺는말로 자주 사용합니다만, 이 말은 그 의미를 완전히 이해할 때까지 서너 번 곱씹어볼 필요가 있습니다. 그는 이렇게 말했습니다. "그리스도인의 자유는 겸손히 그의 하나님께 경배한 다음 다시 어느 한 사람에게 가서 절하지 않는 데 있지만, 자신의 동포에게 늘 고개를 숙이는 것은 그리스도인의 자유에 속합니다." 하나님께 경배한다는 것은 더 이상 사람 앞에 절하지 않되 종처럼 섬긴다는 뜻입니다. 복음서에서 말씀하는 대로 누군가의 신발 끈을 풀어준다는 말이지요. 종의 자세로 동포를 겸손히 섬기는 것, 그것이 바로 그리스도인의 자유입니다.

저는 대립하는 태도를 취함으로써 뭔가를 얻었다고 주장하는 사람들이 정치계에도 많이 있다는 인상을 받습니다. 저는 뭔가 개선하는 것들을 기피하는 사람들을 많이 만납니다. 왜 그러느냐고 물어보면, 자신들이 원하는 것은 오직 최고이기 때문이라고 대답합니다. 그러나 제가 생각하기에 탁월한 것, 최고의 것은 늘 고통만을 안겨주었습니다. 최고의 것은 늘 새로운 부자유를 그 대가로 요구합니다. 제가 확신하는 사실이자 우리가 역사에서 자주 체험한 사실이 있습니다. 이 땅에 천국을 세우고자 하는 사람은 늘 사람들에게 지옥을 만들어주었다는 사실이 바로 그것입니다.

그런고로 우리는 이 땅에 천국을 세우려고 할 것이 아니라, 더 인간다운 세상을 만들려는 마음을 품어야 합니다. 그런 점에서 정치는 종종 광채를 잃습니다. 정치는 타협과 절충에 이를 수 있는 능력입니다. 이런 능력을 가진 사람은 아주 희소합니다. 많은 사람들은 늘 도덕이 최후의 승리를 거두기를 고대합니다. 그러나 제가 정치를 올바로 이해하고 있다면, 그리고 산상설교가 말씀하는 바를 올바로 이해하고 있다면, 정치는 종종 주먹을 쥔 채 그저 저항하던 입장으로부터 쥔 손을 펴고 '무언가를 섬기고 생각하는 존재(Für-etwas-Sein)'로 탈바꿈하는 것입니다.

제게는 성령강림절에 얽힌 체험이 하나 있습니다. 지금으로부터 47년 전, 그러니까 1950년 성령강림절이었습니다. 그때 열아홉 살이었던 저는 용돈을 벌려고 마르부르크에서 열린 학생총회에서 책을 팔았습니다. 저는 하루에 10마르크를 벌었고, 잠은 거저 잤습니다. 그 총회에서 기독민주당(CDU) 소속이자, 당시 연방 내무장관이던 구스타프 하이네만 박사가 정치에서 그리스도인이 할 일을 주제로 연설했습니다. 저는 그가 했던 말을 아직도 간직하고 있습니다. 그는 이렇게 말했습니다. "그리스도인에게는 정치적 책임을 포기하는 것이 허용되지 않았을뿐더러, 그 책임을 포기할 수도 없습니다. 행하지 않는 사람은 그 동포를 이웃으로 대우하지 않는 사람이요, 그 동포에게 이웃이 아니기 때문입니다." 저 자신이 오늘 그 말을 다시 한 번 말하고 싶습니다. "행하지 않는 사람은 그 동포에게 이웃이 아닙니다."

지금 문제는 우리가 당원 명부를 더 높은 관직으로 나아가는 여권으로 착각하고 있다는 게 아닙니다. 우리가 영혼의 복을 누리려면 무언가를 해야 한다는 것도 중요한 문제가 아닙니다. 도리어 우리가 공동체를 생각하지 않는 행위를 함으로써 우리 이웃을 무시하고 있다는 게 중요한 문제입니다. 공동체 계약은 다양한 방식으로 나타날 수 있습니다. 정당이나 단체, 노동조합이나 운동 경기에서도 나타납니다. 그리스도인이라면 그런 경우 언제나 함께 해야만 하고 참여해야만 할 것입니다. 그것은 그리스도인들이 그 공동체에 들어가 사람들에게 감춰져 있는 복음을 선포해야 하기 때문이 아니라 거기에 들어감으로써 비로소 사람들의 이웃이 될 수 있고 자신이 그들의 이웃임을 증명할 수 있기 때문입니다.

이 공동체에는 더 많은 이웃이 필요합니다. 공무원법, 임금관련법, 다른 모든 법들만이 효력을 갖는다 해도 이 세상은 존속할 것입니다. 그러나 그렇게 되면 이 세상은 얼어붙고 말 것입니다. 이 세상을 살리는 것은 사람들에게 이웃이 되어줄 수 있는 힘입니다. 그렇기 때문에 그리스도인들에게는 의(정의), 평화, 자유, 그리고 관용이라는 말이 낯선 말이 되어서는 안 됩니다.

그러나 우리 그리스도인들은 이 의(정의), 평화, 자유 그리고 관용이라는 말들이 사용되는 자리에 살짝 얼굴을 내미는 것으로 만족하지 말고, 이 말들을 희미한 복사지로부터 끄집어내어 사람들에게 널리 알리는 일에 마음을 쏟아야만 합니다. 우리는 이 말들을 성명서나 시위 현장에서 자주 발견합니다. 저는 이 의라는 말이 노동조합과 교회와 여러 단체에 걸려 있는 그림들의 명대(銘帶)[20]에 들어 있음을 압니다. 저는 이 의라는 말을 희미한 복사지가 아니라, 세법 속에서 발견하고 싶습니다. 그게 제 과제입니다. 저는 그 의라는 말을 가정에서도 발견하고 싶습니다. 급격한 변화 국면을 맞이하고 있는 것처럼 보이는 우리 사회는 "가진 자가 양반(Hast du was, dann bist du was)"이라는 말도 모자라, 아예 "가진 자는 더 받겠고, 없는 자는 있는 것마저도 빼앗기리라"라는 말로 나아가고 있습니다. 하지만 저는 바로 이런 사회에서 의(정의)라는 말을 발견하고 싶습니다.

의(정의), 평화, 자유 그리고 관용이라는 말은 단지 정치인들의 수사가 아니라 하나같이 성경이 말씀하는 것입니다. 이것은 모두 우리가 이 세상을 바꿔야 한다는 것을 일러주고 있습니다. 여기서 저는 신학자 에버하르트 융엘[21]의 말을 인용하겠습니다. 융엘은 언젠가 "성령이 말씀하시는 것이 무엇인가?"라는 질문을 받았습니다. 그는 "여기 머물러 있으라!"라고 대답했습니다. 이 시대에 성령이 말씀하시는 바를 "천상의 예루살렘을 기다리라"로 오해하는 사람들이 많습니다. 저도 물론 그 예루살렘을 기다립니다. 그 예루살렘은 한밤의 도적같이 임할 것입니다. 그러나 그 예루살렘이 임할 때까지 우리에게는 "여기 머물러 있으라!"라는 명령이 유효합니다.

우리는 더 나아진 이 세상을 더 낫게 만들어야만 합니다. 성경은 이 세상이 마귀의 손아귀 안에 있다고 말씀합니다. 그러나 동시에 성경은 "하나님이 이 세상을 사랑하셨다"라고 말씀합니다. 그렇기 때문에 이 세상을 마귀의 손안에 그대로 두어서는 안 됩니다. 그렇기 때문에 우리는 이 의라는 말을 의회에서 끌어내어 일상의 삶 속으로, 일상의 정치 속으로 가져와야만 합니다. 성경이 아는 것은 하나님 앞의 의라는 신학 개념만이 아닙니다. 성경은 거기서 더 나아가 일상의 삶 속에서 더 많은 의를 이루려 하고 더 나은 관계를 만들려고 했던 사람들의 이야기를 우리에게 들려줍니다. 성경은 욥을 가리켜 "하나님을 경외하고 악에서 떠난 자"(욥 1:1)라고 말합니다. 또 의인은 많은 고난을 당한다고 「시편」 34편은 우리에게 일러줍니다(시 34:19). 저는 자칭 의인들을 많이 압니다. 그들은 이 말씀들을 자신들에게 적용합니다. 그러나 이 말씀들은 그들을 염두에 둔 말씀이 아닙니다.

이 땅에서 의를 행하기란 어렵습니다. 정치 현장에서도 의를 행하기는 어렵습니다. 우리는 정의로운 소득 획득, 정의로운 세무, 정의로운 분배, 정의로운 문화를 어떻게 이룰까요? 종교 교육을 주제로 이야기한다면, 앞으로는 그런 문제도 다루어야만 할 것입니다. 게다가 솔직히 말한다면 집에서도 의를 행하기는 어렵습니다. 가족, 부부, 동거자 사이에서 의를 행한다는 건 어려운 일입니다. 저도 세 자식을 둔 아버지로서 제 아이들이 자신들의 아버지나 어머니가 옳지 않다고 느끼는 때가 있음을 아주 잘 압니다. 그 사실을 꾹 참고 견뎌내기는 쉽지 않습니다.

만일 우리가 의를 원한다면, 여기서 가능한 일은 마땅히 여기서 이루어져야만 합니다. 천상의 예루살렘에 있는 계단 위가 아니라, 여기 라이프치히나 부퍼탈이나 다른 곳에서도 이루어져야만 합니다. 아울러 그 일은 늘 다투는 과정을 거쳐 이루어집니다. 우리는 정의의 본질과 정의를 구현할 방식을 놓고 다툽니다. 대체 정의가 어떻게 이루어져야 하며, 대체 정의가 무엇인가를 놓고 다투는 것이지요. 저는 정치가들의 다툼을 폄훼하는 데 반대합니다. 여기 독일에 사는 우리들도 임박한 미래를 올바로 설계하려면 다툼이 필요합니다. 따라서 정치가들이 다툴 때 분노하지 마십시오. 여러분은 다만 정치가들이 다투도록 도와주시되, 사람들이 미래의 설계도를 둘러싼 이 다툼을 더 잘 인식할 수 있도록 도와주시고, 정치가들의 다툼이 진흙탕 싸움으로 변질되었다는 인상을 사람들이 갖지 않게끔 도와주시길 바랍니다.

의를 이루려면 우리에겐 이런 다툼이 필요합니다. 그런 다툼이 없으면 이 세상은 얼어버리고 멈춰버리기 때문입니다. 의에 관하여 말하는 사람은 불의에 관한 것도 늘 이야기해야만 합니다. 그런 점에서 저는 이번 여름에 세계개혁교회연맹(der Reformierte Weltbund)이 헝가리에서 모이면서 "흉악의 결박을 풀어주며 멍에의 줄을 끌러주며 압제 당하는 자를 자유하게 하며 모든 멍에를

꺾으라!"(사 58:6)라는 표어를 내건 것을 이해할 수 있습니다.[22] 이 「이사야」의 말씀은 "불의의 사슬을 부수라"라고 바꿔 말할 수 있을 것입니다. 저는 '의의 길'이라는 말을 더 좋아합니다. 사슬이 파괴된 곳에는 파편만이 남는 경우가 자주 있습니다. 어떤 경우에는 파괴만이 유일한 길인 경우도 종종 있습니다. 1944년을 생각해보십시오. 디트리히 본회퍼가 살았던 시대를 생각해보십시오. 총통을 죽일 것인가를 놓고 벌였을 토론을 상상해보십시오.[23] 그러나 그것은 우리 시대가 아닙니다. 제게 중요한 것은 의로 나아가는 이 길입니다. 이 길은 거의 시종일관 사람들과 그리스도인들의 삶을 맺는 말 가운데 하나의 모습을 띠고 있습니다.

우리는 의(정의)라는 말보다 법이라는 말을 더 힘들어 합니다. 우리는 이 법이라는 말을 한쪽으로 치우치거나 좋지 않은 의미로 해석하는 경우가 자주 있습니다. 특히 법과 복음을 서로 대립하는 것으로 여기면서, 마치 하나가 족쇄라면 다른 하나는 해방을 안겨주는 것처럼 해석하는 경우가 그 좋은 예라고 하겠습니다. 그러나 저는 성경이 그처럼 단순하게 설명될 수는 없다고 믿습니다. 우리에겐 법이 필요합니다. 역사를 봐도 법이 없으면 자의(恣意)가 지배하였습니다.

성경은 많은 곳에서 의를 갈구하는 외침을 들려줍니다. 「이사야」도 "너희는 정의를 지키며 의를 행하라"[24]라고 명령합니다. 성경은 많은 법도 이야기합니다. 「레위기」에는 규례와 명령과 법들이 가득합니다. 그러나 우리는 하나님의 법에서 우리가 따라야 할

법을 만들어내기를 꺼려합니다. 하나님의 법에서 우리가 지킬 법을 만들어내면, 우리는 그런 일을 바리새인이나 할 일로 아주 쉽게 치부해버립니다. 어떤 일을 바리새인이나 할 일로 치부하는 사람은 조금 있으면 그 일을 유대인이나 할 일로 간주합니다. 그 일을 유대인이나 할 일로 간주한 그 사람은 또 조금 있으면 유대인들이 토라의 정신을 화석으로 만들어버렸다고 맹공을 퍼붓습니다. 이런 위험한 행태는 이전의 교회사에도 존재했던 일입니다. 그런 행태가 성경을 빙자한 반유대주의를 낳았습니다. 마르틴 루터 역시 이 반유대주의로부터 깊은 영향을 받았지요.

저는 이 대회가 토라를 말씀하고 하나님의 명령을 말씀하는 「로마서」 번역을 우리에게 제시하여 기쁩니다. 지금 우리가 보고 있는 본문은 그 마지막 구절에서 "토라(율법)를 폐기하지 않고 도리어 굳게 세운다"라고 말씀합니다. 이 중심 본문은 '유대인과 그리스도인이 하나'라는 점에 그 어떤 의심도 허용하지 않습니다. 「로마서」 9장, 10장, 11장, 이 세 장은 어떤 형태의 반유대주의도 금지하시는 하나님의 말씀으로서 진지하게 받아들여야 합니다. 아울러 이 세 장 말씀은 오늘날 도처에서 다시 나타나고 있는 갖가지 형태의 외국인 적대 행위도 금지합니다. 이 본문들은 하나님이 사람들을 위하여 존재하신다고 말씀합니다. 이 사람들에는 그리스도인뿐만 아니라 유대인과 이방인들까지 모두 포함됩니다. 그 어떤 구별도 존재하지 않습니다.

이 「로마서」는 읽을 만한 가치가 있습니다. 이 3장도 읽을 만한 가치가 있습니다. 이 의는 단지 고등법원 법관만이 해석할 수 있는 어떤 추상적 현상이 아님에 주목하는 것도 필요합니다. 모든 사람이 이 의가 의미하는 것이 무엇인지 궁구해야 하기 때문입니다.

의는 하나님과 함께 있습니다. 또 하나님 자신이 바로 의이십니다. 그런데 「시편」 85편은 이 의를 한 사람(하나의 인격체)으로 우리에게 제시합니다. 이 사람은 사람들이 원하는 것, 사람들이 기뻐하는 것을 행하고 종종 사람들을 굳세게 만들어주기도 합니다. 이 사람은 화평과 입을 맞춥니다. 「시편」 85편은 화평과 의가 서로 입 맞추는 시대를 이야기합니다. 또 「시편」 85편은 의가 하늘에서 내려다본다고 말씀합니다. 이 의는 그 사람[25]보다 앞서 가며, 그 사람 뒤를 따릅니다.

의와 평강이 서로 입 맞추는 모습은 구약에서도 종종 나타납니다. 사자들이 어린 양들과 함께 풀을 뜯어먹는 장면도 있습니다(사 11:6, 65:25). 놀랍도록 아름다운 광경입니다. 우리는 그 광경을 집에 있는 수프 접시에서 보았습니다. 우리 가족은 사자가 그려진 접시를 발견하면 주요리가 나올 거라는 것을 알았습니다. 그러나 의와 평화가 서로 입 맞추는 모습이나 이 의를 사람으로 묘사하는 말씀은, 어쩌면 이 말씀을 더 이상 현실과 동떨어진 꿈 정도로 받아들이려 하지 말고, 이 의를 사람들 속에서 체현할 길이 과연 무엇인지, 이 의를 실현할 수 있는 방도가 무엇인지 묻고 고민하라고 우리에게 일러주는 것인지도 모릅니다.

제 경험에 비추어볼 때 사랑을 증가시킬 수 있는 방도를 묻지 말고 '내 자신이 더 친절해질 수 있는 방도는 무엇인가?' '내 자신을 더 성찰할 수 있는 방도는 무엇인가?' 라고 묻는 것이 어쨌든 가장 현명하고 가장 실속이 있습니다. 저는 자기 내면은 들여다보지 않고 오로지 바깥에 있는 제도 때문에 속병이 난 것처럼 행동하는 그리스도인들을 많이 알고 있습니다. 이것은 무서운 일입니다.

의의 길에는 많은 걸림돌이 있습니다. 그러나 제가 보기에는 우리가 바로 그 돌들인 경우가 허다합니다. 우리 자신이 우리 자신에 걸려 넘어지는 것이지요. 우리는 의 이야기만 나오면 이루어질 수 없는 꿈으로 치부해버리는 경우가 많습니다. 또 내 자신이 먼저 남에게 자비를 베풀기 전에 늘 남들에게 먼저 자비로워질 것을 요구하는 때가 많습니다. 저는 여기서 한 부활절에 겪었던 일을 떠올려봅니다. 1968년, 두 번째 부활절 집회에서 루디 두취커 암살 미수 사건[26]을 두고 자신의 견해를 밝혔던 구스타프 하이네만은 같은 해에 독일 텔레비전에 나와 이렇게 말했습니다. "다른 사람을 손가락질하는 사람은 나머지 세 손가락으로 자신을 손가락질하고 있음을 명심해야 할 것입니다." 어쩌면 우리는 모든 힘을 기울여 하나님과 함께 있는 이 의를 이 대회 현장이 아니라 우리 일상의 현실 속으로 끌어들여야만 할지도 모릅니다.

우리 공로로 이 의를 얻을 수 없습니다. 우리 직위나 학위로 이 의를 얻을 수 없습니다. 어떤 사람도 연습으로 의를 얻을 수 없습니다. 자기 힘으로 달려가서 붙잡을 수도 없고 올라가 다다를 수도 없습니다. 그러나 하나님이 당신의 의를 선물로 주실 때 그 선물을 받아들이기만 한다면, 어느 누구라도 그 의를 자기 것으로 만들 수 있습니다. 이 세상은 마귀의 손안에 있습니다. 그러나 하나님은 이 세상을 사랑하시기에 이 상태를 그대로 두시려 하지 않습니다. 그렇기에 하나님은 남녀노소, 장애인과 비장애인을 구별하시지 않고 사람들을 필요로 하십니다. 지금 하나님에겐 당신의 의를 말로 전할 사람도 필요하지만 그러나 거기서 더 나아가 자신의 삶을 통해 그 의를 널리 전파하고 「로마서」가 말씀하는 소망을 전함으로써 그 의를 널리 전파할 사람이 필요합니다.

소망은 그저 한 번 웃음을 주는 데 그치지 않고 영원한 즐거움을 줍니다. 그렇다고 매일 빛나는 날만 이어지는 게 소망은 아닙니다. 그러나 성경은 여러분에게 모든 것이 의구함을 믿으라고 말씀하지 않습니다. 도리어 성경은 "보라, 내가 만물을 새롭게 하노라"라고 말씀합니다. 물론 그 만물에는 여러분도 들어갑니다. 바로 이 사실을 아는 것, 그것이 바로 소망입니다.

01. 독자들이 이 설교를 더 잘 이해할 수 있도록 설교의 배경을 미리 밝혀둔다. 이 설교는 라우 대통령이 독일 통일이 이루어진 때로부터 7년 뒤인 1997년 6월 18일부터 22일까지. 옛 동독 지역이자 바흐가 활동했던 곳으로 유명한 라이프치히에서 열린 제27차 독일 개신교 교회대회에서 성경을 강론한 내용이다. 라이프치히 대회는 독일 역사에서 큰 의미를 갖고 있었다. 독일은 2차 대전 이후인 1949년에 서쪽의 독일연방공화국과 동쪽의 독일민주공화국으로 나뉘었다. 양국의 대립은 2차 대전 이후의 동서 냉전을 상징하는 것이었다. 그러나 독일 내부에서는 양국의 성립 직후부터 끊임없는 통일 운동이 벌어졌다. 그 운동의 한 축을 담당한 곳이 바로 독일 개신교회였다. 이 교회는 나치 정권 당시, 나치에 협력하였던 독일 루터파 개신교회에서 뛰어나와 복음의 순수성을 지키고 나치에 저항하였던 독일 고백교회의 후신이었다. 그런데 동서 냉전이 치열하던 이 시기에 독일 개신교회는 1954년 대회를 옛 동독 지역인 라이프치히에서 거행한다. 이는 그리스도를 믿는 신앙 안에서 독일 민족의 통일을 이뤄보려는 열망의 표현이었다. 그해 7월 7일부터 11일까지 열린 라이프치히 대회에는 모두 6만 명이 참석하였고, 방문객만도 65만 명에 이르렀다. "소망 중에 즐거워하라"(롬 12:12)라는 대회 주제가 보여주듯이, 대회에는 독일 통일을 향한 소망이 넘쳐흘렀다. 이 총회에는 서독과 동독의 정치 대표단도 참석하였다. 서독 대표단을 이끈 인물은 바로 이 설교에서 라우 대통령이 독일연방공화국 하원의장이라고 밝힌 헤르만 엘러스였으며, 동독 대표단은 동독 총리인 오토 누쉬커와 동독 인민의회 의장인 요하네스 딕크만이 이끌고 있었다. 나치에 저항한 독일 고백교회 출신이었던 헤르만 엘러스는 당시 친(親)서방 정책을 추진하고 옛 소련을 비롯한 공산권과 대립하면서 독일 부흥을 이끌던 콘라트 아데나워 총리와 같은 기민당 소속이었지만, 아데나워와 달리 민족 통일 정책과 동서 양쪽에 치우치지 않는 외교 노선을 주장하였다. 1954년 라이프치히 독일 개신교 교회대회는 성대하게 막을 내렸지만, 이후

1990년에 독일 통일이 이루어질 때까지 서독과 동독 교회는 함께 이 교회대회를 열지 못했다. 통일이 되기 전에는 1954년 대회가 전 독일 교회가 함께한 마지막 교회대회였던 셈이다. 그리고 마침내 통일이 이루어진 뒤, 43년 전에 자신의 신앙 선배들이 민족 통일을 갈망하였던 바로 그 대회가 열렸던 자리에서 독일의 한 란트(주)인 노르트라인-베스트팔렌의 총리이자, 독일 사회민주당 의장(대행)인 요하네스 라우(이 1997년 총회로부터 2년 뒤에 독일연방공화국 대통령으로 선출되었기 때문에 이때는 아직 대통령이 아니었다)가 성경을 강론한 내용이 바로 이 본문이다.

02. 옛 서독 사람들을 의미한다. 동독 지역에서 열린 미사에 참석한 사람들이 다시 서독으로 돌아가려면 이 표가 있어야 했다.

03. 독일연방공화국과 독일민주공화국이 세워진 것은 1949년이었다. 이때부터 계산하면 두 독일의 분열은 5년간 진행된 상태였지만, 1947년 이후에 동베를린이 봉쇄된 사건을 기점으로 한다면, 두 독일은 7년째 분열 상태에 있었다고 말할 수 있겠다. 1947년에 미국 국무장관 마셜이 주창한, 2차 대전 이후 서유럽 경제 재건 계획(이른바 마셜 플랜)이 실시되면서 서독은 급속한 경제 재건을 이룬다. 이는 동독에 큰 영향을 미치게 되었다. 그러자 당시 동베를린을 점령하고 있던 소련은 동베를린을 봉쇄하는 동시에, 서독에서 동독 땅을 거쳐 (미국과 영국 그리고 프랑스가 관장하던) 서베를린으로 가는 육로를 봉쇄하였다. 이에 미국 등은 엄청난 수의 수송기를 동원하여 서베를린으로 생필품을 공수해야만 했다.

04. 우편물을 부치거나 여행을 가는 곳이, 오직 서쪽이나 남쪽에 있는 자유 진영 국가들에 국한된 현실을 빗댄 노래다.

05. 요하네스 라우 자신을 말한다.

06. 원문에는 "미국 중심의 단일한 사회 경제 체제로 바뀌어가는"이라는 말이 globalisierend라는 말로 표현되어 있다. 흔히 globalisieren이라는 말을 '세계화되다'라고 번역하지만, 역자는 이게 옳은 번역이 아니라고 본다. 현재 사람들이 이야기하는 세계화는 세계 각국, 각 민족의 고유성을 인정하기보다 미국·영국 중심의 가치 질서로 세계를 아우르려는 움직임일 뿐이다.

07. 4년(또는 일부 지역에서는 6년) 과정의 그룬트슐레(Grundschule, 우리나라의 초등학교)를 마친 학생들 가운데 장차 실업 계통에 종사하려는 학생들이 가는 학교로, 5년 과정이다. 대학 진학을 목표로 하는 학생들은 그룬트슐레를 나와 레알슐레(Realschule)를 거쳐 김나지움(Gymnasium)으로 진학한다.

08. 프로이센, 오스트리아, 러시아, 스웨덴 연합군이 러시아 원정에 실패한 나폴레옹 군대를 라이프치히에서 격파한 전투다.

09. 독일 노동자들의 비참한 노동 환경과 정치, 경제, 사회 모든 면에서 노동자들이 겪고 있던 부당한 차별과 핍박을 시정하고자 1863년 5월 23일에 라이프치히에서 결성된 독일 최초의 노동자 정당이다. 라이프치히 이외에도 함부르크, 쾰른, 엘버펠트 등에 당 지부를 두었던 이 정당의 첫 당수는 그 유명한 사회주의 운동가인 페르디난트 라살레였다. 이 동맹은 이후 1875년 5월에 고타에서 사회민주노동자당(SDAP)와 통합하여 사회주의노동자당(SAP)이 된다. 이 사회주의노동자당이 1890년에 정의와 평등에 기초한 사회민주주의를 표방하며 창립된 독일 사회민주당(Sozialdemokratischen Partei Deutschland, 지금의 사민당)의 뿌리가 된다.

10. 바흐(1685-1750)는 1723년부터 라이프치히 토마스 교회와 니콜라이 교회 등에서 지휘자 겸 오르간 연주자로 일했다.

11. 「로마서」 8장 26절을 토대로 만든 찬송이다.

12. 하인리히 쉬츠(1585-1672)가 만든 아카펠라 찬송이다. 「시편」 119편이 이 찬송의 테마다.

13. 고트프리트 하인리히 슈퇴첼(1690-1749)이 작곡한 찬송이다. 가사는 「요한1서」 4장 20절에서 가져왔다.

14. 니콜라우스 젤넥커(1530-1592)가 만든 찬송으로서, 독일 개신교회와 가톨릭교회가 함께 쓰는 복음송가(Evangelisches Gesangbuch) 157번 곡이다.

15. 이 토론은 1519년 7월에 열렸다. 교황청을 대리하여 나온 '토론의 달인' 요한 엑크는 교황을 "성 베드로의 권좌와 신앙을 가진 이로서, 항상 베드로의 후계자

요 그리스도의 위대한 대리자"라고 지칭하며 교황권을 옹호하였다. 그러자 루터는 희랍어 성경 본문과 교부 문헌을 토대로 그리스도가 교회의 반석이시자 머리이심을 주장하였다. 이에 맞서 엑크는 『이시도리아 교령집』을 토대로 다시 한 번 교황의 권세를 주장하였지만, 루터는 그 교령집이 위작(僞作)임을 증명하여 엑크의 말문을 막아버렸다.

16. 희랍어 비평본문을 담고 있는 『네스틀레-알란트(Nestle-Aland)』 제27판 성경에는 "pantes gar hēmarton" 즉 "모든 사람이 죄를 범했다"라고 되어 있다.

17. 라우 대통령은 「로마서」 3장 23절에 있는 "하나님의 영광에 이르지 못하였다"를 이렇게 표현하고 있다. 본디 희랍어 비평본문에는 이 부분이 "husterountai tēs doxēs tou theou"로 되어 있다. 번역하면 "(죄를 범한 모든 사람에게) 하나님의 영광이 없다"라고 할 수 있겠다. 희랍어 동사 휘스테레오(hustereō)는 '마땅히 가져야 하고 가지는 게 이로운 것을 갖고 있지 않다'는 뜻이다. 루터는 이런 의미를 살려 이 부분을 "(모든 사람이) 하나님과 함께 가졌어야 할 영광을 갖고 있지 않다(ermangeln des Ruhmes, den sie bei Gott haben sollen)"라고 번역하였다. 그는 이 부분을 "죄인인 모든 사람들은 하나님의 은혜로 말미암아 그분으로부터 선물 받은 그분의 자비하심을 높이고 찬미할 수 없다"라는 의미라고 주석하였다[D. Martin Luthers, Epistel Auslegung 1. Band(Römerbrief) Göttingen: Vandenhoeck & Ruprecht, 1963, 42쪽].

18. '헛되이, 무익하게'라는 뜻과 '거저, 값없이'라는 뜻을 함께 갖고 있다.

19. frustra는 '헛되이, 아무 소용없이, 실망하여, 낙담하여'라는 뜻이고, gratis는 '거저, 값없이, 은혜로'라는 뜻이다.

20. 그림 내용을 설명해주는 조그만 띠.

21. 1934년에 독일에서 태어난 신학자. 취리히 대학과 튀빙언 대학 등에서 조직신학과 종교철학을 가르쳤다.

22. 세계개혁교회연맹은 종교개혁자 후스와 칼뱅과 츠빙글리의 신학을 따르는 세계 107개 국의 교회들이 모여 조직한 단체로, 스위스 제네바에 본부를 두고 있다. 1989년에는 한국에서 총회가 열렸다. 1997년 총회는 8월에 헝가리 데보레챈에

서 열렸는데, 경제적 불의와 환경 문제를 다루었다.

23. 1944년 7월 20일, 히틀러가 있던 방에서 폭탄이 터졌으나 히틀러는 살아남았다. 그 폭탄을 설치한 사람은 클라우스 쉔크 그라프 폰 슈타우펜베르크 대령이었다. 하지만 전사자들의 혼령을 그 혼령들이 사는 발할(Walhall)로 인도해준다는 북유럽 신화의 여신 발퀴러(Walküre)의 이름을 딴 이 암살 작전의 배후에는 롬멜 장군 같은 고위 장성들이 자리 잡고 있었다. 히틀러는 이 사건에 격분하여 19명의 장군을 비롯하여 200여 명에 이르는 사람들을 사형시켰다. 본회퍼는 이 암살 작전이 진행되는 동안 이미 감옥에 갇혀 있었다.

24. 「이사야」 56장 1절. 히브리어 비평 본문을 담은 독일성경공회 발행 BHS를 보면, 정의는 미쉬파트(mishephāt), 의는 처다카(chedāqāh)로 되어 있다. 전자는 무엇이 법이고 바른 것인지에 대해 하나님이 내리신 심판 또는 심판의 내용이요, 후자는 인간의 행위가 하나님 마음에 합치하는 것을 가리킨다.

25. 개역개정판 성경에는 '주(主)'라고 되어 있지만, 히브리어 비평 본문에는 '그 사람'이라고 되어 있다.

26. 루디 두취커(1940-1979)는 독일의 사회학자요, 학생운동 지도자다. 미국의 베트남전 개입과 전 세계 차원의 부조리 및 사회적 불평등에 항거하여 미국, 유럽, 일본 등지에서 학생들과 지식인이 봉기하였던 1968년 학생운동의 중심인물이기도 하다. 1968년 4월 10일, 요제프 바흐만이라는 23세 청년이 권총을 쏴서 두취커를 암살하려고 했으나 실패하였다.

'우리는 누구인가'를 규정하는 핵심 주제

1979년에 한 성경 묵상

무릇 그리스도 예수와 합하여 세례를 받은 우리는 그의 죽으심과 합하여 세례를 받은 줄을 알지 못하느냐. 그러므로 우리가 그의 죽으심과 합하여 세례를 받음으로 그와 함께 장사되었나니, 이는 아버지의 영광으로 말미암아 그리스도를 죽은 자 가운데서 살리심과 같이 우리로 또한 새 생명 가운데서 행하게 하려 함이라. 만일 우리가 그의 죽으심과 같은 모양으로 연합한 자가 되었으면, 또한 그의 부활과 같은 모양으로 연합한 자도 되리라. 우리가 알거니와 우리의 옛 사람이 예수와 함께 십자가에 못 박힌 것은 죄의 몸이 죽어 다시는 우리가 죄에게 종 노릇 하지 아니하려 함이니, 이는 죽은 자가 죄에서 벗어나 의롭다 하심을 얻었음이라. 만일 우리가 그리스도와 함께 죽었으면, 또한 그와 함께 살 줄을 믿노니, 이는 그리스도께서 죽은 자 가운데서 살아나셨으매 다시 죽지 아니하시고 사망이 다시 그를 주장하지 못할 줄을 앎이로라. 그가 죽으심은 죄에 대하여 단번에 죽으심이요, 그가 살아 계심은 하나님께 대하여 살아 계심이니, 이와 같이 너희도 너희 자신을 죄에 대하여는 죽은 자요, 그리스도 예수 안에서 하나님께 대하여는 살아 있는 자로 여길지어다.

(로마서 6:3-11)

이 말씀은 아주 엄숙하게 들립니다. 『취리히 성경(Zürcher Bibel)』[01]의 번역자들은 「로마서」 6장부터 8장까지의 세 장에 우리 마음을 설레게 하는 말인 "성령의 역사인 새 생명(Das neue Leben als Wirkung des Heiligen Geistes)"을 중간 인용문(Zwischenzitat)으로 덧붙여 놓았습니다. 하지만 현란한 언어와 교훈을 담은 이 인용문은 어쩌면 제게 주는 경고였을 것입니다. 우리가 받은 세례, 내가 받은 세례가 예수의 죽음과 불가분의 관계에 있다니, 이게 대체 무슨 말입니까? 저는 이 말씀을 예수가 십자가에 달리신 그 금요일에 읽었습니다. 제가 앉아 있던 발코니 아래에는 보덴제 호숫가의 주민들과 휴가를 즐기러 온 많은 사람들이 해가 뜬 뒤 처음으로 바깥에 나와 앉아 있었습니다. 그들은 휴일을 즐기고 있었습니다. 말 그대로, 일하지 않고 자유롭게 즐길 수 있는 날을 즐기고 있었지요. 더욱이 여느 주말보다 더 긴 주말이었습니다. 그런 상황에서 그리스도가 십자가에 달리신 금요일의 분위기를 느낄 수 있었겠습니까? 어림없는 일이지요. 거기서 떠들어대던 사람들이 세례를 받던 날 예수의 죽음을 되새겨보았을까요? 역시 어림없는 일이지요.

"너희는 알지 못하느냐?" "너희는 정녕 알지 못하느냐?" 바울은 우리에게 묻습니다. 그러나 우리는 모릅니다. 이제 휴가를 와 햇볕을 쬐며 잡담을 나누는 휴가객들은 "그의 죽으심과 합하여 세례를 받았다" "그와 함께 장사되었다" "우리의 옛 사람이 예수와 함께 십자가에 못 박혔다" "죄의 몸이 죽었다"와 같은 바울의 언어가 얼마나 엄중한지 들을 필요가 없겠지만, 저는 이 말들을 들어야 합니다.

「로마서」 전체가 이 언어를 알고 있고, 신약 역시 이 흐름을 따라갑니다. 저를 놀라게 하는 것은 그 언어의 어조가 아니라, 죽음과 세례가 하나로 묶여 있다는 점입니다. 예전에 저는 세례 축하 잔치를 경험했습니다만, 이런 잔치에서도 세례와 죽음이 하나로 묶여 있을까요? 저는 옛적에 있었던 가정세례[02]는 잘 알지 못합니다만, 유아세례를 베푸는 어린이 예배와 성인 예배는 참석해보았습니다. 유아세례를 베풀던 예배에는 새겨들어야 할 정보와 말씀이 있었습니다. 이 정보와 말씀은 철저히 성경에 근거하여 부모의 행복과 하나님의 사랑이 무엇인지 일러주는 것이었습니다만, 제가 지금 본 「로마서」 본문처럼 딱딱하고 엄격하지는 않았습니다. 어쩌면 사람들은 세례를 베푸는 예배가 있었기에 우리가 속한 교회로 나온 것이 아닐까요? 이런 예배가 없었다면 사람들은 교회에 나오지 않았을지도 모릅니다. 저는 바울 자신도 세례를 받았는지, 「사도행전」이 바울이 세례 받은 일을 알려주고 있는지 자세히 살펴봐야 합니다. 바울은 다메섹에 이르기 전에 눈이 멀게 되었습니다. 하지만 세례는 그때까지 받지 않은 상태였습니다. 당시의 일을 「사도행전」은 이렇게 말씀합니다. "즉시 사울의 눈에서 비늘 같은 것이 벗어져 다시 보게 된지라. 일어나 세례를 받고 음식을 먹으매 강건하여지니라"(행 9:18-19).

요새 사람들은 우리가 말하는 세례에는 도통 관심조차 없으면서, 정작 중산층에 어울리는 기독교(신앙생활) 환경을 만드는 일에는 엄청난 관심을 기울입니다. 저는 그 점이 두렵습니다. 저는 신학교도 나오지 않았고 성직자도 아닙니다. 그리스도인으로서 많은 사람들에게 유쾌한 추억이나 고통스러운 기억이 될 일을 한 적도 없고, 그런 화법을 구사한 적도 없습니다. 하지만 저는 '그리스도와 합하여 그분이 죽으실 때 함께 죽었습니다.' 그런데 사람들이 과연 무엇을 보고, 제가 '그리스도와 합하여 함께 죽었다'는 사실을 인식할 수 있을까요? 개인의 생활양식이나 공동체 차원의 증거는 이제 없습니까? 바울 당대로부터 새천년을 앞둔 오늘까지 이어지는 시간의 추이 속에도 그런 증거가 없습니까? 이제는 세례의 영향력이 다 닳아서 없어진 건가요? 정말 그렇다면 내가 곧 만물의 중심인 지금이야말로, 많은 사람들이 자신을 뛰어난 사람이라고 생각하는 지금이야말로 세례의 영향력이 회복되어야 하지 않겠습니까? 하지만 어떤 성경 본문과 연관된 의문은 줄줄이 적어놓아야 직성이 풀리는 사람이, 정작 자신에게 그토록 많은 물음

표를 던질 수 있을까요? 저는 제가 받은 세례가 시간상 점점 더 먼 과거일이 되어감을 제가 깨닫는 것이 문제의 해결책이라고 믿지 않습니다. 바울은 "예수의 죽음과 더불어 나도 죽었고 그와 더불어 나도 장사되었다"는 폭탄선언을 합니다. 그런 바울이 어쨌든 그 선언과 대척점에 있는 또 하나의 주장을 내놓습니다. "그러므로 우리가 그의 죽으심과 합하여 세례를 받음으로 그와 함께 장사되었나니, 이는 아버지의 영광으로 말미암아 그리스도를 죽은 자 가운데서 살리심과 같이, 우리로 또한 새 생명 가운데서 행하게 하려 함이라. 만일 우리가 그의 죽으심과 같은 모양으로 연합한 자가 되었으면, 또한 그의 부활과 같은 모양으로 연합한 자도 되리라. …… 만일 우리가 그리스도와 함께 죽었으면, 또한 그와 함께 살 줄을 믿노니"(롬 6:4-5, 8).

바울은 거의 부활을 체험하는 경지에 이르렀습니다만, 저는 그 경지를 이해하지 못합니다. 때문에 저는 즐거운 주일학교, 교회의 예배의식, 2,000년 동안 그 어떤 상황에서도 결코 파산하지 않았던 기독교 학교 입학을 전체 독일 교회 차원에서 환영하는 행사와 다른 그 어떤 것을 세례에서, 제가 받은 세례에서 밝혀낼 수가 없습니다. 이런 제게 바울의 또 다른 준엄한 말이 들려오기 시작합니다. 바울은 준엄한 어조로, 만일 그리스도가 다시 살아나신 일이 없으면 "설교도 헛되고 믿음도 헛되다"라고 말합니다(사실 성령을 거스르는 말과 글이 이 시대의 시대정신 아닙니까?). 그리하면 "그리스도 안에서 잠자는 자도 망하였을 것이요" "만일 우리가 바라는 것이 다만 이 세상의 삶뿐이면 우리는 다른 모든 사람보다 더욱 불쌍한 사람들"이라고 그는 말합니다(고전 15:17-19).

"죽은 자가 다시 살아나지 못한다면 내일 죽을 터이니 먹고 마시자 하리라"(고전 15:32). 만사가 귀찮고 언제 죽을지도 모르는 경우에는 차라리 먹고 마시는 쪽이 속 편할 수도 있겠지요. 바울도 먹고 마셨습니다. 그러나 그는 부지불식간에 죽을 수도 있기 때문에 먹고 마시지 않았습니다. 도리어 그는 먹고 마심으로써 "다시 강건해졌습니다"(행 9:19). 바울의 과거 행적은 줄곧 그를 따라다녔습니다. "듣는 사람이 다 놀라 말하되 이 사람이 예루살렘에서 이 이름을 부르는 사람을 멸하려던 자가 아니냐?"(행 9:21)라는 말씀이 그 증거입니다. 그러나 하나님은 바울에게 유예 기간을 주시지 않았습니다. 말씀은 이렇게 증언합니다. "사울이 다메섹에 있는 제자들과 함께 며칠 있을새 즉시로 각 회당에서 예수가 하나님의 아들이심을 전파하니"(행 9:19-20). 그는 도망하였지만 결국 자신에게 주어진 삶의 주제를 받게 됩니다. 그 주제 중에는 지금 우리가 보고 있는 본문도 들어 있습니다. 바울에게 주어진 삶의 주제는 '그리스도와 더불어 갇히고 그리스도와 함께 매달려 죽는 게' 아니었습니다. '그분의 죽으심과 그분의 부활 안에서 그분과 하나가 되고, 그분과 더불어 죽었다가 그분과 더불어 살아나는 것' 그것이 바로 바울에게 주어진 삶의 주제였습니다. 그는 먹고 마심으로써 강건하여지고 다시 보게 되었습니다. 먹고 마심으로 다시 보게 되었다는 이 말은 상식에 어긋납니다. 현대 신학은 이런 말을 마땅치 않게 여기며, 교과 과정에서도 이런 내용은 찾아 볼 수 없습니다. 그러나 제게는 늘 떠오르는 말씀입니다.

우리는 현세의 이 삶이 최고선(最高善)이요, 이 삶 뒤에는 아무 것도 없는 것처럼 악착같이 일합니다. 우리는 스트레스를 마치 훈장처럼 주렁주렁 달고 삽니다. 하지만 그 어떤 것보다도 비방처럼 들리는 대제사장 집 여종의 말인 "이 사람도 나사렛 예수와 함께 있었도다"(막 14:67)가 '우리는 누구인가'를 규정하는 핵심 주제가 되는 것이 더 중요하지 않을까요? 그리스도와 함께 세례 받고, 그분과 더불어 살며, 그분과 함께 죽고, 그분과 더불어 순간으로부터 믿을 수 없는 역사 속으로 옮겨진 사람들에게는, 부활이 그저 상징이 아니라 활짝 열린 미래입니다. 부활이 다가올 미래라는 사실, 그 사실이 사람을 바꾸어놓습니다. 그 사실이 교회의 과거보다 더 중요합니다. 그 사실이 우리를 다시 강건케 합니다.

01. 스위스 개혁 교회에서 사용하는 성경으로서, 성경 원어를 충실히 번역한 것으로 유명하다. 1524년부터 1529년에 처음 등장한 뒤 2007년에 최신 개정판이 나왔다.

02. 목사를 가정으로 초대하여 사사로이 받는 세례.

더 이상 정죄함은 없고, 죄책을 면제하는 선고만이 있을 뿐입니다

1990년 9월 16일 하노버에서 한 설교

무릇 하나님의 영으로 인도함을 받는 사람은 곧 하나님의 아들이라. 너희는 다시 무서워하는 종의 영을 받지 아니하고 양자의 영을 받았으므로 우리가 아빠 아버지라고 부르짖느니라. 성령이 친히 우리의 영과 더불어 우리가 하나님의 자녀인 것을 증언하시나니, 자녀이면 또한 상속자 곧 하나님의 상속자요, 그리스도와 함께한 상속자니, 우리가 그와 함께 영광을 받기 위하여 고난도 함께 받아야 할 것이니라.

(로마서 8:14-17)

'종'이라는 말은 우리에게 생소합니다. 제가 어릴 적에는 크고 작은 농장들이 있었는데, 거기에는 남종과 여종이 있었습니다. 그러나 지금은 더 이상 남종과 여종이라는 호칭이 없습니다. 그들이 했던 일도 소수의 사람만이 하고 있을 뿐입니다. 종종 농부들이 아주 고되게 일하는 경우가 있지만, 그런 경우도 그들이 종이어서 그런 게 아니라, 그들 자신이 일 욕심을 너무 부리기 때문입니다. 옛날에 있었던 종은 더 이상 존재하지 않습니다. 그런 종이 지금도 있다면, 아마 공동결정권[01]을 얻으려고 투쟁하거나, 더 큰 피용자(被傭者) 단체의 일원이 되었을 것입니다. 그러나 '종 같은 사람들'은 지금도 존재합니다. 우리는 그런 사람을 어디에서도 만난 적이 없는데, 대체 어디에 그런 사람이 있단 말입니까? 바른 길로 행하지 않는 사람들, 그런 사람들이 바로 종들처럼 행동하는 사람들입니다. 물론 지금은 예전과 다릅니다. 종 같은 사람들은 예전의 종과 달리, 더 이상 주인에게 투덜대지도 않고 명령에 따라 이리 갔다 저리 갔다 하지도 않으며, 주인이 원하는 일을 하지도 않지만, 그들은 뭔가에 순응하고 뭔가에 길들여져 있습니다. 그들은 매끈한 유선형 같은 느낌을 줍니다. 이 종 같은 사람들은 남의 눈에 띄는 것을 꺼려합니다. 그들은 다른 사람들과 다른 존재가 되는 것도 원하지 않습니다. 우리도 자아의 존재감을 갖지 못하면, 종 같은 사람이 될 수 있습니다!

그런데 바울은 "너희가 종의 영을 받지 않았다"라고 말합니다. 그는 이 말을 당시 로마에 있는 적은 무리의 그리스도인들에게 하고 있습니다. 그러나 그의 이 말은 오늘날 하노버나 뒤셀도르프나 그론더나 부퍼탈에 사는 그리스도인들과 시민들에게 하는 것일 수도 있습니다. 여러분은 종의 영을 받지 않았습니다. 여러분은 주인의 비위를 맞출 필요가 없습니다. 여러분은 모양이 다 똑같은 모래 알갱이들처럼 혼동할 수 있는 존재가 아닙니다. 종들은 주인 집에서 쫓겨날 수 있습니다. 종들에게는 자기 자신을 처분할 권리가 없습니다. 그들은 마지못해 살고, 녹초가 되어 잠자리에 들기를 밥 먹듯이 합니다.

우리가 문학 작품을 읽어보면, 종의 반대말은 주인이나 자유인입니다. 우리가 고전처럼 인용하는 테오도르 슈토름[02]의 글이 이를 말해줍니다.

이 사람은 '다음에 할 일이 무엇인가?' 라고 묻는데,

저 사람은 오로지 '그게 옳은가?' 라고 묻는다.

그렇게 자유인과 종이 서로 구별되는구나.

그런데 여기 로마서에서는 종의 반대말이 주인이나 자유인이 아니라 자녀입니다. 이것은 깊이 생각해봐야 할 반대말입니다. 종의 반대말이 자녀라는 것은 우리의 심상(心象) 및 반대말 지식과 일치하지 않습니다. 이렇게 사도 바울이 쓴 본문에서는 종과 자녀가 대조를 이루고 있는데, 이런 대조는 누군가가 (종의 신분을 벗어나) 자유를 얻는다는 말로 연결되지 않고, 도리어 종과 자녀의 모습을 넘어 아버지의 모습을 볼 수 있다는 말씀으로 이어지고 있습니다. 많은 사람들이 신약에서 가장 중요한 책으로 여기는 이 「로마서」는 바로 그 아버지의 모습을 이야기합니다. 「로마서」에서는 많은 장(章), 많은 단락이 아주 밀접하고 촘촘하게 연결된 채 서로 팽팽한 긴장 관계를 유지하고 있어서, 사람들은 개개의 부분을 통째로 들어낼 수도 있고 그 부분을 그대로 놓아둘 수도 있습니다.

"너희는 다시 무서워하는 종의 영을 받지 아니하고 양자의 영을 받았다." "너희는 하나님의 자녀다." "너희는 '아빠 아버지'라고 부를 수 있다." 이 본문들은 우리에 관하여 말씀하면서도, 실은 아버지에 관하여 말씀합니다. 그 어떤 것도 아버지들을 대신하지 못합니다. 우리들도 아버지들을 대신하지 못합니다. 그러나 우리 시대의 아버지는 좋은 평을 듣지 못하고 있습니다. 인자한 아버지라기보다 종을 부리는 주인 노릇을 하면서 가부장으로 군림하는 아버지들이 많이 있기 때문입니다. 여기 「로마서」에서 말씀하는 아버지는 자녀들에게 자유를 줍니다. 이미 구약에서도 그런 아버지의 모습을 말씀합니다. 구약은 "네 아들이 네게 네가 무엇을 믿는지 묻는다면, 여호와 하나님이 너를 종살이하였던 애굽 땅에서 끌어내어 자유의 땅으로 인도하신 것"이라고 대답하기를 아버지에게 요구합니다. 믿음의 조상들은 그들이 믿는 바가 무엇인가 하는 질문을 받으면, 요리문답과 정확한 사실들을 들어 대답하지 않고, 자유에 관하여 이야기하는 것으로 대답을 갈음하였습니다.

자녀들은 천방지축입니다. 자녀들을 제멋대로 놔두면 그들은 자기 뜻대로 하지, 우리 어른들을 따라하려 하지 않습니다. 어쩌면 그런 점이 아버지와 어머니의 삶에서 가장 힘든 부분일지도 모릅니다. 그런데 성경은 여러분 아들이 여러분에게 여러분이 믿는 바가 무엇이냐고 물으면, 자유에 관하여 이야기하라고 요구합니다. 또 아버지가 자기 자녀를 불쌍히 여기듯이 하나님도 당신을 두려워하는[03] 이들을 불쌍히 여기신다고 말씀합니다. 주인처럼 군림하는 아버지가 아니라 자녀에게 마음을 쏟으시는 아버지, 그 아버지가 주일과 평일에 당신을 섬기는 자리로 우리를 부르시는 분입니다. 우리는 그 아버지의 영을 받았습니다. 그러므로 이제 우리는 그분의 큰 종이나 작은 종이 아니라 그분의 자녀입니다. 그렇기에 그분은 우리가 당신의 소유이나 종처럼 내쫓지 아니하신나는 것을 말씀과 성례로 우리에게 보징하십니다. 종들은 쫓겨나기도 하고, 경우에 따라서는 부패하기도 합니다. 주인에게 불평을 늘어놓기도 하지요. 그러나 자기 자녀를 종을 쫓아내듯이 쫓아내는 사람은 없습니다. 사람들은 자녀를 반가이 맞아들이고 늘 마음에 담아둡니다. 아버지와 어머니의 자리는 포기할 수 있는 게 아닙니다. 「로마서」 본문은 바로 그 사실을 말씀합니다. 이 본문은 아버지와 자녀에 관하여 말씀하면서, 구약과 신약이 말씀하는 아버지의 모습과 자녀의 모습을 폭넓게 체험하는 길로 우리를 인도합니다. 이제 더 이상 우리는 우리 아버지의 모습이 어떤지 묻지 않습니다. 우리 아버지이신 그분은 우리에게 자유를 주시고, 우리를 보호하시며, 우리의 두려움을 가져가십니다. 여러분은 이런 자녀의 영을 받았습니다. 이제 여러분은 더 이상 두려워할 필요가 없습니다. 우리는 탕자의 비유(눅 15:11-32)를 읽으며 아버지의 모습을 떠올려봅니다. 문을 열어두고 기다리는 이는 집 나간 아들이 아니라, 그 아버지입니다. 우리는 지금 그 아버지에 관하여 이야기하고 있습니다.

저 자신은 요 며칠 사이에 진기한 경험을 하였습니다. 여기서 이 경험에 관하여 몇 마디 이야기하려고 합니다. 이 경험은 제가 하르트무트 바덴호프에서 보낸 시절과 관련되어 있기 때문입니다. 우리는 며칠 전에 고향에서 같은 학급이었던 친구들 모임을 가졌습니다.

함께 앉아 있던 우리는 모든 사람이 이제는 60줄에 들어섰거나 60세를 앞두고 있음을 확인하였습니다. 그때 누군가가 이렇게 말했습니다. "나이 육십이 된 게 무슨 대수라고? 그게 인생의 큰 전환점이라도 된다는 말인가?" 그러자 한 친구가 이렇게 말했습니다. "나는 내 나이가 그렇게 된 걸 전혀 못 느끼겠네. 예전이나 지금이나 변한 게 없거든." 그 말을 듣고 다른 친구가 이렇게 말했습

니다. "내게 이 육십이라는 나이는 중요한 전환기일세." 60세가
넘어가면, 여러 해 동안 자녀들과 손자들을 못 만나게 되고, 잘 사
는 부부들과 실패한 부부들, 꿈을 이루고 성공한 사람들과 매일
직장에서 힘들게 수고하는 사람들도 만나지 못하며, 실업과 환멸
도 겪지 않게 된다는 게 그가 설명한 이유였습니다. 그런 모습들
을 차례차례 떠올릴 즈음, 이내 누군가가 "그런데 말이야!"라며
말을 꺼냈습니다. 우리들을 가르치셨던 은사의 아들이었습니다.
잠시 뒤에 그는 우리 이야기를 중단시키고 이런 이야기를 털어놓
았습니다. "자네들은 오늘 저녁 여기서 우리 아버지 이야기를 열
심히 하더군. 이제 45년이 지났으니, 털어놓고 이야기해야겠네.
자네들이 본 우리 아버지 모습은 다 거짓이라네. 언젠가는 우리
아버지가 어떤 분인가를 자네들에게 꼭 말해주고 싶었어. 자네들
은 내가 왜 자네들 반을 떠났는지 아는가? 교실에서 경험하는 아
버지 모습과 집에서 경험하는 아버지 모습이 완전히 달랐기 때문
이야. 나는 그게 견딜 수 없었지. 우리 아버지는 내 점수, 내 공부
를 자네들과 비교하지 않고 당신 자신과 비교하셨어. 나는 그걸
견딜 수 없었어. 그래서 자네들 반을 떠났던 거야."

아버지들의 모습은 우리를 무섭게 괴롭힐 수 있습니다. 우리는
유명한 아버지를 둔 아들들의 사연을 다 알지 못합니다. 하지만
이런 아들들에겐 성장하여 자아를 확립하는 것이 힘든 일이 되었
습니다. 사람들이 늘 이 유명한 아버지를 본받으라고 요구하기 때
문이지요.

그런데 「로마서」가 말씀하는 아버지는 우리를 자유롭게 해주시며, 우리를 당신의 그림자로 덮으시기보다 도리어 당신의 빛으로 우리 발걸음을 안전하게 지켜주시는 분입니다. 이 아버지는 강단에서 종들을 호통 치듯 우리에게 호통을 치시는 분이 아니라, 우리가 '아빠 아버지'라고 부를 수 있는 분입니다.

자녀는 종들과 다르다 보니, 당연히 자녀들의 삶에는 자녀의 지위에 따른 결과가 남아 있습니다. 아버지이신 하나님은 우리에게 유업을 물려주십니다. 우리는 그리스도와 함께 그 유업을 물려받습니다. 그러나 이 유업은 인생의 정점에 올라 즐기는 소요(逍遙)가 아닙니다. 이제 우리는 그리스도와 함께 고난을 당할 것입니다. 이제 우리는 하나님이 사랑하시는 이 세상이 하나님이 본디 의도하셨던 세상이 아니라는 것을, 이 세상이 아직 완성되지 않았다는 것을, 이 세상이 그 완성을 간절히 고대하며 우리가 장차 올라갈 영광의 보좌를 간절히 기다리고 있다는 것을 체험할 것입니다. 실상이 이렇다면 아버지의 집에 사는 자녀의 위치는 편안하고 유쾌한 느낌을 준다기보다, 행동에 나설 과제를 짊어진 자리일 것입니다. 그런 점에서 하나님의 자녀라는 신분은 이 세상을 떠맡아 이곳을 바꾸고 개선하며 인간이 살아갈 만한 곳으로 함께 만들어 갈 책임을 짊어진 자리입니다.

그렇게 세상이 바뀐다면 우리는 아버지들과 어머니들을 대신하여 이 세상에 존재하는 것들을 체험하게 될 것입니다. '아버지와 어머니는 나를 버렸지만 주님은 나를 받아 주셨습니다.' 자녀를 박대하고 자녀에게 분을 내는 아버지들이 있습니다. 자녀를 이해하지 않는 어머니들이 있습니다. 자신들이 생각하는 바를 자녀들에게 심어주고, 그 생각대로 자녀들을 양육함으로써 자녀들에게 자유를 허락하지 않는 부모들이 있습니다. 실상이 이러하기에 하나님은 우리를 자녀들로(자녀의 신분을 가진 자들로서) 부르십니다. 그것도 아둔하고 어리석은 영을 지닌 자녀들이 아니라, 순진하고 부모를 섬길 줄 아는 영을 지닌 자녀들로 부르십니다. 사도바울은 「고린도전서」에서 자신에게도 "만삭되지 못하여 난 자"(고전 15:8) 같은 때가 있었다고 말합니다. 하나님은 우리가 영영 미성년자로 남아 있기를 원하시지 않습니다. 하나님은 우리가 인생의 실상을 있는 그대로 알지 못하는 자가 되기를 원하시지 않습니다. 도리어 하나님은 우리가 행동하는 자, 이 세상을 바꿔가는 자가 되기를 원하십니다. 하나님의 영은 그 인도하심을 따라 그 자녀들이 이 세상을 바꿔가도록 독려하십니다. "무릇 하나님의 영으로 인도함을 받는 사람은 곧 하나님의 아들입니다."

무엇이 우리를 독려하는지 우리 자신에게 물어봅시다. 우리가 재능과 가능성을 발전시켜갈 때 우리 안에 숨어 있는 공명심을 초월할 수 있는 힘을 우리 삶에 부여하는 것이 무엇인지 우리 자신에게 물어봅시다. 나를 자극하는 동인(動因)들은 어디에 있습니까? 이 동인들이 하나님의 영으로부터 나왔습니까? 우리에게 자유를 주고, 우리로부터 두려움을 앗아가며, 우리가 고난 받기를 기대하고, 우리에게 영광을 약속한 그 영이 우리를 움직이고 있습니까?

「로마서」의 이 본문은 오늘 생일을 맞은 한 친구에게 보내는 인사요, 그 친구의 생일을 축하하고 그에게 축하 인사를 전하고 싶어 하는 무리에게 보내는 인사입니다. 오늘 살펴본 이 본문이 들어 있는 「로마서」 8장은 하나님을 사랑하는 자들에게 모든 것이 합력하여 선을 이룬다(롬 8:28)고 말씀합니다. 또 이 본문이 들어 있는 이 「로마서」는 우리에게 그리스도의 복음을 꺼려할 필요가 없다고 말씀합니다. 그 복음은 그것을 믿는 모든 사람들에게 구원의 복을 베푸시는 하나님의 능력이기 때문입니다(롬 1:16). 또 「로마서」는 하나님이 택하신 사람들에게는 더 이상 정죄함이 없고, 죄책을 면제하는 선고만이 있을 뿐이라고 설명합니다.

「로마서」에 있는 이 하나님 말씀은 자유를 얻은 우리가 종이나 육신에 매인 자로서 살지 않고 하나님의 영을 따라 살기를 원합니다. 하나님은 우리를 종처럼 내쫓지 아니하시고, 우리를 밀어내지 않으시며, 우리가 못된 변덕을 부려도 그 변덕을 우리를 내칠 핑계로 삼지 않으십니다. 바로 그런 분의 손안에 순진하고 확신에 찬 마음으로 우리 삶을 내맡기기를 이 말씀은 원하고 있습니다.

이 말씀은 비단 생일뿐만 아니라, 그분이 우리에게 선물로 주신 모든 날, 그리고 그 이후의 시간까지 염두에 둔 좋은 소식입니다. 일찍이 아우구스티누스는 우리가 하루 한 날도 소홀히 보내지 않도록 하나님은 우리가 죽을 날을 우리에게 숨기셨다고 말했습니다. 이 마지막 날 이후에 우리는 영광의 자리에 이를 것입니다.

그때가 되면 우리의 심상(心象)은 아무 소용이 없을 것이요, 우리 세계관도 다 흩어져버릴 것입니다. 우리는 그런 일이 어떤 모습으로 벌어질지 모릅니다. 그러나 우리는 반드시 놀람과 호기심과 소망과 확신을 품어야만 합니다. 이것들은 우리가 임의로 가질 수 있는 게 아니라, 반드시 가져야 한다고 명령받은 것들입니다. 우리 앞에 놓인 과제가 막중하듯이, 우리의 능력도 늘 그 과제를 감당할 정도로 큰 상태를 유지해야 하기 때문입니다. 또 우리는 주인이나 종이 아니라 하나님이 사랑하시는 자녀로서 우리가 섬기는 일을 해야 하기 때문입니다. 우리는 성장하고 성숙해가며 아버지를 떠나지 않고 아버지를 향하여 나아가는 그분의 자녀입니다.

01. 독일에서는 기업 경영과 관련된 사항을 결정하는 데 노동자가 참여할 수 있는 권
리를 공동결정법(Mitbestimmungsgesetz)으로 규정해놓았다.

02. 1817년에 태어나 1888년에 세상을 떠난 독일의 법학자요, 시인이요, 소설가다.

03. 우리말 성경이 '경외(敬畏, 공경하는 마음으로 두려워함)'라고 번역해놓은 히브리
어 '이르아(yire' āh)'는 사실 '두려워하며 벌벌 떤다'라는 의미를 갖고 있어서
'공경한다'라는 뉘앙스는 들어 있지 않다.

국가권력과 하나님의 다스림
1998년 프랑스 스트라스부르에서 한 성경 강론

각 사람은 위에 있는 권세들에게 복종하라. 권세는 하나님으로부터 나지 않음이 없나니 모든 권세는 다 하나님께서 정하신 바라. 그러므로 권세를 거스르는 자는 하나님의 명을 거스름이니 거스르는 자들은 심판을 자취하리라. 다스리는 자들은 선한 일에 대하여 두려움이 되지 않고 악한 일에 대하여 되나니 네가 권세를 두려워하지 아니하려느냐. 선을 행하라. 그리하면 그에게 칭찬을 받으리라. 그는 하나님의 사역자가 되어 네게 선을 베푸는 자니라. 그러나 네가 악을 행하거든 두려워하라. 그가 공연히 칼을 가지지 아니하였으니 곧 하나님의 사역자가 되어 악을 행하는 자에게 진노하심을 따라 보응하는 자니라. 그러므로 복종하지 아니할 수 없으니 진노 때문에 할 것이 아니라 양심을 따라 할 것이라. 너희가 조세를 바치는 것도 이로 말미암음이라. 그들이 하나님의 일꾼이 되어 바로 이 일에 항상 힘쓰느니라. 모든 자에게 줄 것을 주되 조세를 받을 자에게 조세를 바치고 관세를 받을 자에게 관세를 바치고 두려워할 자를 두려워하며 존경할 자를 존경하라.

(로마서 13:1-7)

「로마서」 13장은 특별한 본문입니다. 수백 년의 시간이 흐르는 동안 이 본문 말씀은 프로테스탄트 국가윤리의 심장 내지 '전범(典範, locus classicus)'과 같은 것이 되었습니다. 이제 이 본문 말씀은 아예 둘도 없는 격언이 되어, '요하네스 라우의 「로마서」 13장 강론'이라는 집회 프로그램이 생겨날 정도가 되었습니다. 따로 구절을 표시하지 않아도 13장이 의미하는 바는 분명해 보입니다. 물론 요헌 클레퍼[01]로 하여금 성탄 송가인 '밤이 깊었으니(Die Nacht ist vorgedrungen)'의 가사를 쓰게 만들었던 12절 같은 경우는 예외이지요.

「로마서」 13장의 첫 일곱 구절에 이처럼 관심을 기울이고 이목을 집중시키며 초점을 맞추는 이유가 무엇인지 묻지 않을 수 없습니다. 이전에도 늘 이랬던가요? 가령 마르틴 루터에게 「로마서」 13장을 강론해달라고 요청했다면, 루터는 어느 구절부터 해석했을까요? 루터는 1515~1516년에 펴낸 『로마서 강론』에서 「로마서」 13장 1절을 해석하는 데 정확히 한 쪽을 할애했습니다. 이어서 그는 궤

도를 벗어나, 느닷없이 여섯 쪽이 넘는 지면을 할애하여 로마 교황을 비판하고 있습니다. 이 비판이『로마서 강론』의 주제를 벗어난 것이란 점은 루터 자신도 인정하고 있습니다. 그런 다음 그는 곧바로「로마서」13장 10절로 가서 율법의 완성인 사랑을 이야기합니다. 2절부터 7절까지는 이야기하지 않고 있는 것이지요.

하지만 다른 기독교 세계의 정황을 살펴보는 것도 합당한 일입니다. 만일 북아메리카의 침례교도가「로마서」13장을 해석한다면 어느 구절부터 시작할까요? 제겐 그게 무척 흥미로운 관심사입니다. 또는 라틴 아메리카의 가톨릭 주교라면 어느 구절부터 해석할까요? 혹은 그리스도인인 브라질 상파울루의 가두(街頭) 선도요원 같은 경우에는 어느 구절을 먼저 해석할까요? 과연 그들에게도「로마서」13장이「고린도전서」13장의 '고결한 사랑의 송가' 보다 진정 더 중요할까요? 삶에는 기준이란 게 있습니다. 그리스도인의 삶에도 우리와 국가의 관계를 규율하는 기준이 존재합니다. 신앙의 경우에도 우리와 권세(국가의 공권)의 관계를 규율하는 어떤 본질적 기준이 존재하고 있습니다.

바울의 경우에도 마찬가지입니다. 그는 우리 그리스도인과 권세의 관계를 1징도 2장도 3장도 아닌, 13장에 들어와서야 처음으로 이야기합니다! 우리는 여기서 작은 무리인 로마의 그리스도인들이 이 지점, 그러니까「로마서」13장까지 바울이 말한 모든 것을 새겨들었다는 점을 되새겨볼 필요가 있습니다. 이 서신은 핍박을 당하며 지하 무덤(Katakomben) 속에서 숨어 지내던 그리스도인들의 공동체 앞에서 한 장 한 장 낭독되었습니다.

그 그리스도인들이 제일 먼저 그 서신에서 들은 것은 복음이 구원의 복을 가져다주는 능력이 된다는 것이었습니다(롬 1:16). 이어서 바울은 그 그리스도인들에게 "하나님 앞에서 사람의 외모를 보지 말라"라고 엄히 훈계합니다(롬 2:11). 그런 다음 그는 "죄인은 인간 자신의 공로가 아니라, 오직 믿음으로 말미암아 의롭게 된다"라고 이야기합니다(롬 3:23, 28).

「로마서」의 주제는 분명 기독교적 국법(國法)이 아닙니다. 오히려 「로마서」는 인간을 죄에서 해방시키심으로써 그들에게 자유를 주신 하나님의 역사를 선포하고 있습니다. 그게 이 서신의 기초입니다. 그 기초가 없다면 이 서신의 나머지 부분은 무너지고 말 겁니다. 하나님이 행하신 그 구원의 역사가 바로 「로마서」의 근간이자 기독교가 선포하는 복음의 기초입니다. 이 기초가 없다면 나머지는 모래 위에 지은 집이 될 것입니다. 로마의 그리스도인들은 그들이 행하고 그들이 행하지 말아야 할 내용을 기록한 12~14장을 읽기 전에, 정작 그들이 하려고 해도 도무지 할 수 없는 것, 하나님이 그들을 위하여 행하신 것을 먼저 읽게 됩니다. 명령이 등장하기 전에 사실을 먼저 서술하고 있는 것이지요. 로마의 그리스도인들에게 무언가를 요구하기에 앞서 바울은 먼저 그들을 격려하고 그들이 죄에서 해방되었음을 이야기하고 있는 것입니다.

여기서 「로마서」 13장을 읽을 때 우리가 꼭 되새겨야 하고 되새길 수밖에 없는 사실이 있습니다. 그건 바로 그 어떤 힘이나 권력도 우리를 하나님의 사랑으로부터 갈라놓지 못한다는 것입니다(롬 8:39). 그리스도인은 노예도 아니요, 누구의 신하도 아닙니다. 도리어 그리스도인은 자유인이요, 만물을 다스리는 주인으로서 어떤 사람에게도 복종하지 않습니다. 그러나 그리스도인은 권세에 복종해야만 합니다. 여기서 바울은 그 권세란 것이 무엇인지 아직 말하지 않습니다. 바울은 먼저 「로마서」 9~11장에서 이스라엘에 시선을 돌립니다. 스가랴의 말처럼(슥 2:12), 이스라엘은 '하나님의 눈동자'였습니다.[02] 그들은 로마 제국의 압제 아래 있던 하나님의 백성이었습니다. 그러나 과거의 그리스도인들, 그리고 우리의 선조인 이스라엘이 바울의 명령대로 하나님의 은혜로 말미암아 선택함을 받고 그분의 사랑을 받은 하나님의 백성(롬 11:28)으로서 제 본분을 다했다면 이스라엘의 역사, 나아가 독일의 역사도 달라졌을지 모릅니다.

물론 바울의 경우에 「로마서」 13장은 중심이 아닙니다. 하지만 사람들은—적어도 독일어권에서는— 수년 전부터 이 본문에 어떤 의미를 부여하고 있습니다. 「로마서」 13장 본문은 어떤 상황을 반영하고 있습니다. 저는 사람들이 이 본문에 어떤 의미를 부여하는 것은 현대에 들어와 그 사람들이 국가사회주의와 스탈린주의가 저지른 총체적 권력남용을 체험한 것과도 관련되어 있다고 믿습니다.

바울이 제시한 본문은 최소인데, 그 맞은편에는 최대치의 해석들이 존재하고 있습니다. 바울은 당시의 그리스도인들은 어쨌든 로마의 백성이라는 엄연한 사실을 토대로 기독교 광신자들에게 로마 제국의 백성이라는 사실을 재차 깨우쳐주려 했던 것일까요? 그는 로마의 카피톨 언덕[03]에 깔린 대리석 바닥 위에 있던 일곱 구름을 말하고 있는 걸까요? 로마의 그리스도인들은 로마라는 현세의 공간에서 그들이 보내는 일상을 깊이 생각하는 대신, 천상의 예루살렘만을 너무나 많이 증거하고 있었던 것일까요? 그 그리스도인들은 혹시 자신들이 마치 세상에 무관심한 태도를 취하는 것이 지당한 것처럼 행동했던 것은 아닐까요? 실제로 바울 서신을 보면 그리스도인들로 하여금 이 세상에 무관심한 태도를 취하는 것이 합당하다고 생각하게 할 만한 본문을 발견할 수 있습니다. 이를테면 바울은 「빌립보서」에서 "우리의 시민권은 하늘에 있다"(빌 3:20)고 말하고 있지요. 아니면 바울은 디아스포라 거주 지역에서 그리스도인들이 로마에 맞서 봉기하려는 흐름이 있는 것을 알고 그것에 반대하는 의사를 표시하고자 「로마서」 13장을 기록한 걸까요? 그것도 아니라면, 13장 본문은 바울이 쓴 게 아니라 로마 황제가 기독교를 국교로 공인했던 후대의 해석을 담은 걸까요? 아니면 바울이 말한 것은 이교도 국가에는 적용되지 않고 오로지 기독교 국가에만 적용되는 것일까요? 그런가 하면 또 다른 사람들은 「로마서」 13장을 해석할 때면 반드시 적그리스도들과 지옥에서 올라오는 짐승을 말씀한 「요한계시록」 13장이나, "사람보다 하나님께 순종하는 것이 마땅하다"라는 「사도행전」 5장 29절 말씀을 함께 기억해야만 한다고 경고했습니다.

그러나「로마서」13장을 놓고 이야기할 때면, 위에 말한 모든 것을 깊이 생각하고 반추해보아야만 합니다. 그렇지 않으면 그 본문은 시공간(時空間)과 무관한 독립적 존재가 되어, 모든 사람과 모든 시대에 적용될 격언 내지 영원한 법칙이 되어버릴 것입니다! 사람들이 무턱대고 추종하거나 무조건 배척하는 하나의 법칙으로 바꿔어버릴 수 있다는 말이지요. 우리 시대에는 어떤 법칙을 무조건 추종하거나 배척하는 현상이 비일비재합니다. 만일「로마서」 13장이 무조건 추종하거나 무조건 배척할 대상이 되어버린다면, 그건 비참한 일이 될 겁니다.

"각 사람은 위에 있는 권세들에게 복종하라. 권세는 하나님으로부터 나지 않음이 없나니 모든 권세는 다 하나님께서 정하신 바라. 그는 하나님의 사역자가 되어 네게 선을 베푸는 자니라"(롬 13:1, 4). 성년에 이른 시민들은 이 말씀을 좋아하지 않습니다! 이 말씀은 많은 사람들에게 구미가 당기는 말씀이 아닙니다! "하나님이 은혜 가운데 세우신 프로이센 왕이시자, 브란덴부르크 선제후이신 빌헬름." 우리 귀에는 이 말이 100년 전의 말이 아니라, 바로 어제 들은 말처럼 생생합니다. 그 빌헬름[04]은 권세였습니다! "우리는 틀림없이 위대하게 될 운명을 타고 났은즉, 짐은 그대들을 영광의 시대로 이끌 것이다." 선제후 빌헬름은 그렇게 약속했습니다. 우리 뒤에는 권세가 있습니다. 마찬가지로 그 권세에 복종하는 것도 존재합니다. 그러나 이제는 보좌와 제단의 동맹도, 신분 국가도, 노동자들이 경영주에게 복종하는 것도 존재하지 않습니

다. 이제는 동등한 권리와 의무를 갖고 있는 성년 시민들이 존재
할 뿐입니다. 지금 우리 나라의 국가 형태는 의회민주주의입니다.

그러나 우리가 살고 있는 금세기에도 독일에는 여전히 정치 권
력의 남용을 체험했던 여진(餘震)이 남아 있습니다. 사람들은 권력
그 자체를 위험한 것으로 간주합니다. 사람들은 '지배'라는 말만
들어도 진저리를 칩니다. 오로지 지배를 비판하는 이론들만을 강
조하는 일이 자주 벌어지고 있습니다. 지배 권력에 저항하도록 호
소하는 책들이 셀 수 없이 많습니다. 그중에는 신학 책도 있습니
다. 그러나 그런 책들을 읽다 보면, 무엇을 저항으로 이해해야 할
지 모호한 경우가 자주 있습니다. 그 책들은 수직적 계급 체제를
평등하게 만들어야 한다고 요구합니다. 평평한 그물망(그물 같은
조직)과 상하 구별이 없는 둥근 식탁을 요구하는 것이지요. 그러나
평평한 그물망과 수직으로 드리워진 밧줄은 모두 똑같은 재료로
만들어진 것입니다. 원형 탁자도 쪼개질 수 있습니다. 저는 교회
안에서 국가를 지지하는 설교보다 국가를 비판하는 설교의 수요
가 몇 곱절이나 된다는 사실을 목격하였습니다. 그러나 교회가 국
가를 헐뜯는 것은 교회의 권위 상실을 가져올 뿐입니다. 결국 성
직자들도 교회의 권위 상실 때문에 해를 입게 됩니다.

많은 사람들은 국가에 순종할 의무를 그릇 이해하게 된 책임이
루터와 그가 말한 통치 이론에 있다고 생각합니다. 그러나 마르틴
루터는 권세에 복종하라고 말하지 않았습니다. 도리어 그의 글에
서는 지배를 비판하는 말들을 많이 발견할 수 있습니다. 그는 이

렇게 말합니다. "만일 여러분의 주인이 불의함을 확실히 알았거든, 마땅히 사람인 그보다 하나님을 더 두려워하고 하나님의 음성에 귀를 기울여야만 합니다. 여러분은 그런 주인을 추종하거나 섬기지 말아야 합니다. 만일 그런 주인을 섬긴다면 여러분은 하나님 앞에서 양심에 가책을 받게 될 것이기 때문입니다"〔출전:「군인들도 지극히 복된 상태에 들어갈 수 있는가(Ob Kriegsleute in seligem Stande sein können)」, W. A.(Weimarer Ausgabe, 루터 저작집) 19, 656〕.[05] 권세에 대한 모든 비판이 사라진 것은 19세기 신루터파(Neuluthertum)에 와서야 비로소 생겨난 현상입니다. 루터 역시 정의롭지 못한 권력은 자의요 폭정이라는 것을 알고 있었지만, 동시에 힘이 없는 정의는 실현될 수 없으며, 하찮은 것이 되어버린다는 사실도 알고 있었습니다.

인간은 진정 자신이 해야 할 것보다 더 많은 것을 할 수 있는 상황, 자신이 인간으로서 할 수 있는 것과 자신에게 유익한 것을 구별해야 하는 상황 속에 자리 잡고 있습니다. 인간으로서 할 수 있는 것은, 동시에 비인간적인 것(das Unmenschliche)이기도 합니다. 인간은 그 비인간적인 것에 맞서 자신을 지켜야만 합니다. 이렇게 비인간적인 것에 맞서 인간을 지키는 데 필요한 전제조건들이 만들어지는 곳, 인간에게 유익한 것들을 법 안에 담고 법으로 비인간적인 것들에 맞서 싸우는 곳이 바로 자유민주주의 법치국가입니다. 우리는 자유민주주의 법치국가를 포기할 수 없습니다. 만일 그 국가를 포기한다면, 혼돈이 찾아올 것입니다. "사람의 마음이 계획하는 바가 어려서부터 악하기"(창 8:21) 때문입니다.

그리스도인들이 이해하는 국가는 '아직 구원받지 못한 이 세상에서 의와 평강을 베풀도록 하나님이 예비해두신 선한 질서'입니다. 그렇기에 바르멘 선언[06]에서도 하나님이 예비하신 이것이 '선을 행해야 한다는 것'을 이야기합니다. 물론 하나님의 뜻에 따르면 이 국가는 잠정직 질서입니다. 이 잠정적 질서는 필요합니다. 그러나 그 이상은 아닙니다. 저는 이 점을 아주 냉철하게 말합니다. 국가에 영광을 돌려야 할 이유가 전혀 없습니다. 국가를 찬미하거나 국가권력을 신처럼 숭배해야 할 이유가 전혀 없습니다. 이전에도 그랬고, 오늘날도 마찬가지입니다.

바울도 그 점을 분명히 알고 있었습니다. 그는 진정 언어에 능숙한 장인(Meister)이었습니다. 그는 글을 쓸 줄도 알았습니다.[07] 그러나 그는 「고린도전서」와 달리 「로마서」 13장에서는 냉철하게, 아무런 열정(Pathos)도 없이, 국가를 사랑하라는 말을 일언반구도 하지 않습니다. '순수한 환호와 커다란 기쁨'은 전혀 없고, 단지 "모든 사람은 권세에 복종하라"라는 무미건조한 말만이 있을 뿐입니다.

그러나 제가 「로마서」 13장 본문을 올바로 이해하고 있다면, 그 말씀은 '눈을 닫고, 정치에는 눈도 돌리지 말라! 정치의 정(政)자도 생각하지 말라'는 뜻이 결코 아닙니다. 도리어 그 말씀은 '너희는 하나님이 예비하신 이 질서에 복종하라'는 뜻입니다. '너희가 사는 국가의 법 제도 안으로 들어가라'는 뜻입니다.

'국가의 법 제도 안으로 들어가라' 는 말은 '하나님이 예비하신 이 질서가 힘을 잃지 않고 움직일 수 있도록 너희가 공동 책임을 지라' 라는 뜻입니다. 그것은 곧 무정부 상태와 야만, 자의와 독재, 집단주의와 개인주의가 지배하지 아니하고 '법과 평화' 가 지배하는 국가를 만드는 데 공동 책임을 지라는 뜻입니다. 제 이해가 올바르다면, 그 말씀은 여러분에게 노예의 신분, 예속된 처지, 복종하는 존재가 되라고 요구하는 것이 아닙니다. 인간다움과 거리가 먼 그런 존재는 예전 세상에나 있었지요.

하나님이 예비하신 이 질서를 견실히 유지하려면 국가에는 '국가권력(Potestas)' 이 있어야만 합니다. 국가에는 오늘날 우리가 말하는 어떤 힘이 있어야만 합니다. 물론 힘 하면 나쁘다고 생각할 수 있지만, 결코 그렇지 않습니다. 우리는 예수가 단지 힘(권세)을 갖고 계셨을 뿐만 아니라, 완전한 권세를 갖고 가르치셨다는 점을 잘 알고 있습니다. 아울러 "하늘과 땅의 모든 권세"(마 28:18)가 그분에게 주어졌다는 사실도 잘 알고 있습니다. 파울 틸리히는 이렇게 말했습니다. "힘을 향한 의지를 포기한 사람은 존재를 향한 의지를 포기한 것이다." 한나 아렌트[08]도 힘을 자의 및 독재와 구별하였습니다.

우리가 진보에 속도뿐만 아니라 방향까지 부여하려 할 경우에는, 우리를 인도하고 우리가 나아갈 방향을 제시할 힘, 권위, 그리고 무언가를 만들어내는 힘이 있어야만 합니다. 권력에 자주 염증을 내는 시대에는 그 점을 기억할 필요가 있습니다. 역사는 우리에게 사람이 힘을 올바로 사용하면 그 힘이 평화에 기여한다는 점을 일러줍니다. 그러나 권력은 남용되면 재앙을 초래합니다. 권력에 탐닉하는 것은, 어쩌면 권력에 염증을 내는 것에 대한 그릇된 응답일지도 모릅니다.

바울 역시 그 점을 알고 있었습니다. 그 때문에 그는 냉철하게 말하고 있는 것입니다. 그 때문에 그가 말하는 것이 무엇이며 그가 말하지 않는 것이 무엇인지 주의 깊게 살펴보는 것이 중요합니다. 그는 분명 '각 사람은 신의 권력을 가진 권세에게 복종하라' 라고 말하지 않습니다. 만일 그가 그런 말을 했다면, 로마의 시각에서는 선한 말이었을지도 모릅니다. 만일 그가 그런 말을 했다면, 그는 권력자를 신으로 만드는 길을 연 사람이 되었을 것입니다. 그러나 바울은 권력을 우상으로 만드는 것을 원하지 않았습니다. 그렇기에 그는 "각 사람은 위에 있는 권세에게 복종하라"라고 말하는 것입니다. 이를 통해 바울은 국가권력에 일정한 한계를 긋고 있습니다. 국가권력은 모든 것을 마음대로 할 수 있는 권력도, 전능한 권력도, 신의 권력도, 하나님보다 위에 있는 권력도 아닙니다.

칼 바르트는 일찍이 국가는 교회 밖에 있지만, 예수 그리스도의 통치 영역 밖에 있는 것은 아니라고 이야기했습니다. 국가는 하나님이 세우신 것이며, 그 국가가 나아갈 방향을 보여주시는 분도 하나님이십니다. "권세는 하나님의 종입니다." 그것이 바로 바울이 말하려는 것이었습니다. 제가 바로 이해하고 있다면, 하나님의 종은 오직 하나님을 섬기는 일만을 해야 합니다. 바울은 정치를 하나님을 섬기는 특별한 종류의 일로 본 것입니다.

그렇다면 정치로써 하나님을 섬기는 이 일은 어떻게 이루어져야만 할까요? 바울은 '네게 선을 베푸는 방향으로,' 즉 사람들의 안녕(복리)을 도모하는 방향으로 이루어져야만 한다고 말합니다. 그것은 분명 국가가 선한 일을 장려해야 한다는 뜻입니다. 우리는 칼 바르트의 말이 나온 뒤에야 뒤늦게 사람들이 민주주의 안에서도 나락에 빠질 수 있으며 독재 치하에서도 복락을 누릴 수 있다는 것을 깨달았습니다. 그렇다 해도 그 말은 국가권력이 무슨 옷을 입고 나타나든 상관없다는 뜻이 결코 아닙니다. 군복을 입고 나타나는 국가권력과 편안한 휴가 복장으로 나타나는 국가권력은 엄연히 다릅니다. 노동자의 작업복을 입고 나타나는 국가권력과 잠옷 바람으로 나타나는 국가권력은 분명 다릅니다. 사람은 가느다란 세로줄무늬 옷차림으로도[09] 전쟁을 준비할 수 있으며, 군복을 입고도 평화에 이바지할 수 있습니다. 저는 다만 그 점을 기억시켜드리고 싶을 뿐입니다.

"모든 권력은 국민으로부터 나온다. 그렇다면 그 권력의 목적지는 어디인가?" 쿠르트 투홀스키[10]는 그렇게 물었습니다. 그의 시대에는 통치가 '우리(국민)에게 이롭다'는 것을 더 이상 인식할 수 없었습니다. 투홀스키가 던진 이 질문은 바이마르 공화국 시대에는 정당한 질문 이상의 것이었습니다.[11] 오늘날에도 이 질문은 여전히 현실 문제입니다. 정치가 어디에 중심을 두며 어떤 목표를 추구하느냐에 따라 전혀 다른 결과가 나타나기 때문입니다. 우리는 개인의 이익과 집단의 이익을 초월하는 공동체적 가치를 새롭게 이해해야만 합니다. 특히 하나가 된 유럽에서는 더욱더 그러합니다. 우리는 소수의 사람만이 더욱더 부유해지고 다수의 사람들은 더욱더 곤궁해지는 현실에 익숙해져서는 안 됩니다. 우리는 밖으로 쫓겨날 처지에 있는 사람들을 우리들 가운데로 끌어당겨야만 합니다. 사람들은 자신에게 '누구를 이해하고 있는가' 가 아니라, '무엇을 이해해야만 하는가' 라고 물어야만 합니다. 내용과 구조가 사람들과 후보자들보다 더 중요한 것인지는 의심스럽습니다. 우리는 정치가 제공해줄 수 있는 것과 제공해줄 수 없는 것을 솔직하게 털어놓아야만 합니다. 우리에게는 해결해야 할 더 단순한 문제들이 넘쳐납니다. 복잡한 문제들은 우리가 지금 해결할 수 없는 문제들임을 이야기하고 그대로 제시해야만 합니다. 우리는 우리가 행하는 것은 말해야 하며, 우리가 말하는 것은 행해야만 합니다. 그렇지 않으면 정치는 신뢰를 잃게 되며, 정치에 대한 염증은 더 커지게 될 것입니다.

플라톤 이후로 우리는 헌법이 "떡갈나무나 바위에서 자라나지 않고" 사람들의 인격으로부터 자라난다는 것을 잘 알고 있습니다. 이는 곧 정치 질서가 그 시민들의 관점과 확신, 전통과 모범에 든든히 뿌리를 내리고 있을 때에만 비로소 성공을 거둘 수 있다는 것을 의미합니다. 권력 분립과 복수주의(Pluralismus)[12], 정의와 법(성문법, Gesetz)은 우리 민주주의의 근본조건들입니다. 하지만 그것만 있다고 민주주의가 이루어지는 게 아닙니다. 우리 각 사람의 태도와 의견(신념, Gesinnung) 역시 아주 중요합니다. 장차 미래에 우리가 한층 더 유념해서 봐야 할 사실들이 있습니다. 우리는 서로 맞서기보다 한데 어울려 살아가고 있다는 사실, 또 자유는 제멋대로 구는 방종과 다르며 자기 의사를 자유롭게 결정할 수 있다는 말 속에는 스스로 자신을 규제하는 자율의 의미가 늘 담겨 있다는 사실이 바로 그것입니다. 우리가 이런 것들을 유념하게 되면, 우리뿐만 아니라 우리 자손들까지도 유익을 얻게 되리라고 믿습니다.

우리는 그런 사실들을 믿습니까? 아니면 현실에 눈을 돌려 현실을 따라가는 것이 더 분별 있어 보입니까? 바울은 순진했던 걸까요? 그는 자신이 어떤 종류의 권세와 관련을 맺고 있는지(자신을 다스리고 있는 권력이 어떤 종류의 것인지) 분별하지 못했던 걸까요? 그는 그 자신이 정치권력의 희생물이 되리라는 것을 예견하지 못했던 걸까요? 하필이면 이 서신의 수신지인 로마에서 자신이 사형선고를 받게 되리라는 것을 몰랐던 걸까요? 분명 칼의 법은 주먹의 법과 다릅니다. 국가권력 역시 거리의 법과 구별됩니다.[13] 이것들은 '여러분에게 유익을' 줍니다. 민주주의에서는 시민의 힘이 국가권력에 정당성을 부여하고 국가권력을 제한합니다. 그러나 우리는 국가권력이 누구보다도 '힘없는 소시민'에게는 그 권위를 엄하게 내세우면서도 정작 힘 있는 사람들, 그중에서도 특히 대기업들을 만나면 슬며시 지나쳐버린다는 인상을 받을 때가 종종 있습니다.

오늘날 유럽에 살고 있는 우리가 당면한 문제는 「로마서」 13장의 문제가 아닙니다. 즉 지나치게 강대한 국가의 위험성이 문제되는 게 아니라는 말입니다. 도리어 도를 넘어버린 돈의 힘, 곧 맘몬의 힘[14]을 경고한 「마태복음」 6장 24절이 문제입니다. 우리의 문제는 우리가 더 이상 7절, 즉 "모든 자에게 줄 것을 주되 조세를 받을 자에게 조세를 바치고"의 명료한 의미를 깨닫지 못하고 있다는 것입니다. 우리는 사실 이 구절을 아주 오랫동안 조세 횡령이라는 개념 외에 탈세를 염두에 둔 것으로 생각해왔습니다.

바울은 자신이 관계를 맺고 있는 권세가 어떤 종류의 것인지, 국가권력이 할 수 있는 것이 무엇인지 아주 정확하게 알고 있었습니다. 그는 「고린도후서」에서 자신의 자서전적 내용을 이야기하면서, 국가권력이 자신에게 가한 고통을 보고합니다. 그는 옥에 갇혔던 일, 채찍질 당하고 돌에 맞은 일, 사슬에 묶여 매질 당한 일을 이야기합니다. 그렇지만 바울은 네로 같은 폭군이나 히틀러 같은 독재자라도, 하나님이 예비해두신 질서를 일그러뜨리는 그 어떤 국가권력도 하나님이 마련해두신 그 질서를 결코 파괴할 수 없다는 점 역시 잘 알고 있었습니다.

오늘날에도 여전히 공포를 동원한 지배와 폭력을 사용하는 정치체제가 있습니다. 그런 지배와 체제는 고통 그 자체입니다. 그러나 그런 지배와 체제도 이 세상을 의와 평강으로 다스리라는 하나님의 명령을 결코 무효로 만들지 못합니다. 성경은 「로마서」 13장 이상의 것을 말씀하지만, 「로마서」 13장 역시 분명 유효한 말씀입니다. 잠시 있다 사라질 땅 위의 것들은 모두 하나님의 기준에 비추어 측정됩니다. 권세도 마찬가지입니다. 거꾸로 하나님이 세상 권세에 비추어 측정되는 일은 있을 수 없습니다. 「로마서」 13장은 그리스도인들이 세상에 대하여 지고 있는 책임의 한 조각이지만, 그 책임의 전체 모습을 보여주는 것은 아닙니다. 「로마서」 13장은 통치를 받는 사람들과 관련된 한 부분을 기록한 것입니다. 바울 당대나 지금이나, 통치자들(경제적 힘과 정치적 힘을 쥔 자들)에게 보내는 서신은 특이하게 보일 수도 있으며 유달리 엄청난 무게를 지닐 수도 있다고 저는 확신합니다.

| 주 |

01. 1903년에 개신교회 목사의 아들로 태어나 1942년에 세상을 떠났다. 에어랑언 등에서 신학을 공부한 뒤 언론인, 작가, 찬송 시인으로 활동하였다.

02. '하나님의 눈동자'라는 말이 개역개정 성경에서는 「스가랴」 2장 8절에 기록되어 있지만, 맛소라 본문을 따른 BHS(히브리어로 'bhābat 'ēnō,' 곧 '그(하나님)의 눈동자'로 기록되어 있다)나 루터 성경에는 「스가랴」 2장 12절에 기록되어 있다.

03. 로마의 주신(主神)인 유피테르의 신전과 고관들의 대저택이 있었던 로마의 언덕 으로서, 로마 제국을 상징하는 심장부였다.

04. 프리드리히 빌헬름 1세. 1620년에 태어나 1688년에 세상을 떠났다. 대선제후 (大選帝侯)로 불렸다.

05. 바이마르 판(Weimarer Ausgabe)의 정식 명칭은 마르틴 루터 저작집(Martin Luther's Werke)이다(요한 볼프강 괴테 저작집도 바이마르 판으로 불린다). 1883년 루터 탄생 400주년을 기념하여 시작된 이 저작집 편찬 사업은 2005년에 이르러 종결되었다. 총 120권에 8만 쪽에 이르는 이 저작집에는 루터가 독일어와 라틴 어로 쓰거나 구술한 글이 모두 모여 있다. 루돌프 헤르만과 게르하르트 에벨링 등이 편집인으로 참여하였다. W. A. 19, 656은 이 저작집 제19권 656쪽을 가 리킨다.

06. 정식 명칭은 '바르멘 신학 선언(Barmer Theologische Erklärung)'이다. 모두 6개 조로 된 이 신앙고백은, 나치에 항거하여 교회의 순수성과 복음의 본질을 지키려 던 독일 고백교회의 선언이었다. 1934년 5월 29일부터 31일까지 독일 바르멘 에서 열린 고백교회 총회에서 채택되었다.

07. 바울 당대에 희랍어와 아람어, 히브리어로 글을 쓸 수 있는 사람은 대단한 지식 인이었다.

08. 1906년에 태어나 1975년에 세상을 떠난 독일 출신의 유대인 철학자. 하이데거의 제자이기도 한 그는 폭력과 전체주의의 본질을 탐구하고 비판하였으며, 하이데거 철학의 지평을 현실 세계로 확장하는 데 큰 기여를 하였다.

09. 서구에서 이런 옷차림은 부유한 인텔리겐치아(지식인) 계층을 상징한다.

10. 1890년에 베를린에서 유대인 상인의 아들로 태어나 1935년에 스웨덴에서 세상을 떠난 독일의 풍자 작가이자 언론인, 정치 운동가.

11. 1919년부터 1933년까지 이어진 바이마르 공화국은 인류 역사상 처음으로 사회민주주의를 채택한 바이마르 헌법에 기초하여 세워진 민주국가였다. 그러나 정정의 불안과 1929년에 터진 세계 공황을 수습하지 못하는 취약성을 드러내다가, 결국 1933년에 히틀러에게 정권을 넘겨주면서 독일 최초의 대통령제 공화정이 무너지고 만다.

12. 복수정당제가 그 예다.

13. 여기서 칼의 법은 국가권력을 상징한다.

14. '맘몬'은 아람어로 '재물, 금전'을 뜻한다.

'어쩔 수 없는 숙명'이라는 말은
무신론자나 하는 말입니다

1981년에 한 성경 묵상

그런즉 누구든지 사람을 자랑하지 말라. 만물이 다 너희 것임이라. 바울이나 아볼로나 게바나 세계나 생명이나 사망이나 지금 것이나 장래 것이나 다 너희의 것이요, 너희는 그리스도의 것이요, 그리스도는 하나님의 것이니라.

(고린도전서 3:21-23)

　　지금까지 50년을 살아오는 동안 저는 제 자신이 바울과 아볼로와 게바 중 누구 편에 속하는지, 그들 가운데 누구의 가르침을 추종하는지 자문(自問)해볼 마음을 먹어본 적이 없습니다. 제게 그런 질문을 하는 사람도 없었습니다. 그러나 고린도에 살던 그리스도인들에게 이 질문은 중요한 문제였던 것 같습니다. 「사도행전」은 열띤 어조로 고린도 지역의 그리스도인 공동체가 일치단결을 이루고 있었다고 설명합니다. 그런데 그런 공동체 안에서 붕당이 만들어지고 분파들이 생겨났습니다. 그곳 그리스도인들은 나란히 어울려 살아가는 데 그치지 않고 서로 대립하며 살았습니다. 무엇이 그들을 갈라놓았을까요? 먹는 것과 마시는 것 때문이었을까요? 아니면 신앙생활 방식이나 축도 방식을 둘러싼 이견 때문이었을까요? 율법에 매임이 없고 활달한 그리스도인들과 율법을 진지하게 받아들이는 사람들의 다툼 때문이었을까요? 오류가 없는 교사나 대학자에 대한 찬탄과 경모가 대립을 낳았을까요? 그것도 아니라면, 이교도 천지인 주변 상황에 순응할 것인가를 둘러싼 대립 때문이었을까요? 제가 그들이 분열된 이유를 알고자 한다면, 성경에 있는 많은 서신들을 읽고 많은 주석가들에게 물어보아야 할 것입니다. 그러나 50년을 살아오는 동안 저는 전혀 그런 마음을 품지 않았고, 제게 그 이유를 물어본 사람도 전혀 없었습니다. 바울도 수선을 피우며 그 원인을 밝혀내려고 하는 것 같지 않습니다. 왜냐하면 그는 단 한 번도 자신을 따르는 사람들이 다수파인지, 아볼로를 따르는 사람들이 그 공동체의 지도부인지, 게바를 추종하는 사람들이 소수 과격파인지 물어보지 않기 때문입니다.

'세계나 생명이나 사망', 이것이 더 중요합니다. 생명은 세계보다 더 중요합니다. 생명이 없는 세계는 무시무시한 위협이 될 뿐입니다. 또한 생명이나 사망은 병존할 수 없고, 둘 중 하나만이 존재할 수 있습니다. 겉으로 보면 우리는 이미 오래전에 생명과 사망을 극복하였습니다. 우리는 학교에서 "노예가 되느니 죽는 게 낫다(Lever dood üs Slav)"[01]라는 말을 배웠습니다. 어떤 시구(詩句)의 그럴듯한 논리에 넘어가 "죽기보다는 차라리 붉은 게 낫다(Lieber rot als tot)"[02]라고 말하는 사람들도 있지요. '세계나 생명이나 사망', 사실 제가 살아온 세월 동안 제 마음을 움직인 건 바로 이 말이었습니다. 저는 이 말의 의미를 묻는 질문도 많이 받았습니다. 공석에서도 받았고 사석에서도 받았습니다. 그러나 바울은 '세계나 생명이나 사망'을 저와 달리 생각하고 있습니다. 바울에게는 '세계나 생명이나 사망'을 묻는 질문이나 '아볼로나 게바나 바울'을 묻는 질문이나, 같은 질문입니다. 이 세 사람에게는 차서(次序)가 있었을 수도 있습니다. 말 그대로 서열이 있었을 수도 있습니다. 그러나 그런 서열은 중요한 게 아닙니다.

'지금 것이나 장래 것', 이것이 관건입니다. 우리 시대의 모습은 어떠합니까? 아무 때가 아니라 바로 오늘, 바로 지금의 모습이 우리 눈에는 어떻게 보입니까? 우리 사람들은 이 시대를 떠안고 함께 만들어가는 일에 얼마나 나서고 있습니까? 우리는 현재를 바꾸고, 예속과 가난, 질병과 고독, 전 세계의 굶주림과 착취에 맞서 싸우려는 사람들을 정당과 노동조합, 각종 단체와 공동체 안으로 얼마나 끌어들이고 있습니까? '지금 평화를(Peace now)'은 제가 부활절에 이 성경 묵상을 쓰고 있는 이 이스라엘에서 벌어지고 있는 많은 운동들 가운데 하나입니다. 아무 때도 아니고, 천상의 예루살렘도 아니고, 바로 지금 테디 콜렉[03]이 시장으로 있는 이 예루살렘에서 평화를 이루자는 운동입니다. 그렇다면 '장래 것'은 무슨 의미일까요? 그것은 분명 올곧은 남성, 올곧은 여성일 것입니다. 그런 남성이나 여성이라면, 정치만이 갖고 있는 의의는 현재의 것을 그저 집행하고 다가오는 위협을 저지하는 게 아니라, 현재 존재하는 것을 미래와 변화와 개선과 내일을 향해 나아가도록 만드는 것임을 누구나 알아들을 수 있게끔 또렷하게 다시 말해 줄 수 있을 겁니다. 지금, 진실한 것을 보존하고, 낡고 쓸모없게 된 것들이 남긴 찌꺼기들을 제거하면, 더 낫고 더 순수하며 더 인간다운 공간을 확보할 수 있습니다. 이 공간은 얻을 만한 가치가 있는 것입니다. 지금 당장 우리가 진실한 것을 보존하고, 낡고 쓸모없게 된 것들이 남긴 찌꺼기들을 제거하는 일에 나선다면, 우리는 그 공간을 다시 볼 수 있고, 다시 만질 수 있으며, 다시 체험할 수 있을 것입니다. '지금 것이나 장래 것', 이것이 관건입니다. 그러나 바울은, 바울이나 아볼로나 게바와 같은 이름들처럼, '지금 것이나 장래 것'도 대수롭지 않게 여기는 것 같습니다.

다행히도 바울은 제가 아볼로 편을 들거나 게바에게 가거나 바울 쪽에 남아 있는 것을 막지도 않고 금하지도 않습니다. 저는 '지금 것'이 제 능력들을 자극하고 묶어주며 '장래 것'이 제 환상과 기발한 착상과 사랑을 원하는 것을 당연하다고 여기는데, 다행히도 바울은 이런 제 생각을 허용된 생각이라고 여깁니다. 모든 것이 다 여러분 것입니다. 고린도와 슈투트가르트에 있는 그리스도인들의 것이요, 뒤셀도르프와 본과 프랑크푸르트와 마인츠에 있는 정치가들의 것입니다. 모든 것이 다 여러분 것이요, 여러분이 처분할 수 있는 것입니다. 그러나 그것이 곧 여러분이 모든 것을 좌지우지할 수 있다는 말은 아닙니다. 청소년 시절 복음 교회에 몸담고 있던 때만 해도 우리는 이 '모든 것이 너희 것'이라는 바울의 말을, 무턱대고 반항하는 자세로 케케묵은 생활양식과 '너는 이것을 하면 안 돼' 식의 닝링을 거부하는 데 써먹으러 애썼습니다. 청소년 시절에는 담배와 영화와 여자 친구와 술이 중요했고, 얼핏 보아 우리를 '위태롭게 하는 것'이 중요했지요. 왜 그런 것들을 금지하는지, 그 시절에는 그게 의문이었습니다.

우리는 아볼로와 게바 중에 누구를 따를지 선택하는 것이 얼마나 하찮은 일인지 점점 깨닫습니다. 오히려 바울 아니면 사울 중 어느 편을 택할 것인가가 더 중요한 문제이지요. 우리는 행위로 의를 얻음을 반대하는 사람을 잡으려고 미쳐 날뛰는 사람이나, 그리스도를 핍박하는 대신 그분을 따름으로써 밝은 눈을 되찾게 된 사람 가운데 하나를 택해야만 합니다(「사도행전」 9장을 보라). 우리는 조상들이 전해준 바를 교육받은 바리새인의 경건한 자기 확신이나, 더 이상 자기가 자신의 주인이기를 거부하고 하나님이 자신의 주인이심을 시인한 사람이 의심이나 시험 속에서도 지켜내려는 확신 가운데 하나를 택해야만 합니다. 저는 지금 「고린도전서」 3장 전체를 읽고 있습니다. 유대인이 말하는 정결한 음식과 정결치 못한 음식을 둘러싼 다툼(저는 지금 이스라엘에 있습니다), 우리 자신을 가리키는 하나님의 새 성전에 관한 말씀이 나오는가 하면, "아무도 자신을 속이지 말라"(고전 3:18)라는 말씀이 나옵니다. "너희는 그리스도의 것이요, 그리스도는 하나님의 것이니라." 이 말씀은, 덧붙여진 말이 없었다면, 사람들이 성을 내고 오해할 말씀입니다. '세계와 생명과 죽음'과 '지금 것과 장래 것'에 관하여 말하는 사람은 사실 자기 자신과 그리스도와 아버지에 관하여 말하는 것입니다. 이것을 더 잘 이해하려면 집에 있는 용어 사전을 찾아보거나 하나님이 약속하시고 가르쳐주신 내용을 더 잘 되씹어볼 필요가 있습니다. 세계의 주인이시고, 인생의 보호자이시며, 생명의 근원이시고, 죽음을 정복하신 분, 그분이 바로 '모든 날이 늘 현재이신' 분이요, 장차 '밤중의 도적같이' 오실 분입니다. 그분이 오시면 만물이 새롭게 될 것입니다. 예속과 질병, 가난과 고독, 전 세계의 굶주림과 착취는 영원한 것도 아니요, 우리 힘으로 어쩔 수 없는 것도 아닙니다. ‘어쩔 수 없는 숙명’이라는 말은 무신론자나 하는 말입니다. “여러분의 주인들은 가고, 우리 주님이 오십니다!” 구스타프 하이네만은 1950년 에센 교회대회에서 그렇게 말했습니다. 그는 정치가나 노동조합원이나 기업가나 목사들을 조롱하려고 그런 말을 한 게 아니었습니다. 그러나 그리스도는 하나님의 것입니다. 이제 그리스도는 보좌 위에 앉아 통치하고 계십니다. 관원들도 더 이상 그분을 그 자리에서 몰아내려 하지 않습니다. 일찍이 에른스트 블로흐는 이 세상을 가리켜 구원이 이루어질 수 있는 공장이라고 말했습니다. “너희는 그리스도의 것이요, 그리스도는 하나님의 것이니라.” 이것은 단순히 그리스도인들만이 그리스도를 받아들여 차지하는 것을 막으려는 경기 규칙에 그치지 않고, 거기서 더 나아가 모든 사람들에게 해방을 안겨주는 말씀입니다. 그 해방은 생명이 있는 세계에만 존재합니다. 해방을 베푸시는 주님은 죽음을 원하시지 않기 때문입니다. 더불어 그 해방은 이미 이 현재가 장차 만물을 새롭게 하실 그분의 특징들을 인식시켜주고 있다는 점에서 미래를 가진 세계에만 존재합니다. 주님은 바울과 아볼로와 게바를 그들이 묶여 있던 속박과 예속에서 풀어내주시고, 뒤이어 구름같이 허다한 증인들을 풀어내주셨습니다. 그와 같이 주님은 당신이 오실 그날에 모든 사람이 해방을 누리게 되길 원하십니다(딤전 2:4).

01. 네덜란드 시인인 하르베르트 하르베르츠(1846-1895)가 쓴 시 '고향 프리스란트' 2연에 나오는 말이다. 그러나 그 시에는 동 프리스란트 방언으로 "lever dood as slaav"라고 되어 있다. 본디 이 말은 프리스란트 지방의 구호인 "일어나라, 자유 프리스란트여!(Eala Frya Fresene!)"에 화답하는 구호였다고 한다.

02. 본디 중세 후기 교회 설교에서 'rot'라는 말은 '찬란하게 꽃 피는 삶'을 의미했다. 시인인 빌헬름 하우프는 1824년에 쓴 시, '기사가 부르는 아침 노래(Reiters Morgenlied)'에서 "Morgenrot, leuchtest mir frühen tot(아침놀이여, 네가 내 이른 죽음에 빛을 비춰주는구나)"라고 노래했는데, 여기에서도 'rot'라는 말은 '찬란하다'라는 의미를 갖고 있었다. 결국 사람들은 "Lieber rot als tot"라는 말을, "죽어서 영광을 누리느니 살아 있는 오늘 영광을 누리자"라는 말로 사용한 셈이다. 19세기에 들어와 'rot'는 사회주의 운동을 상징하는 말로 바뀌게 되며, 2차 대전 이후에는 공산주의를 상징하는 말로 사용된다. 이때 등장한 표어가 "Lieber tot als rot(공산주의보다는 죽는 게 낫다)"였다. 그러나 독일에서는 2차 대전 이후 독일의 재무장(특히 핵무장)에 반대하는 사람들이 이 말을 "Lieber rot als tot"로 바꿔 자신들의 입장을 전달하는 표어로 사용하였다.

03. 1911년에 태어나 2007년에 세상을 떠난 이스라엘 정치가. 1965년부터 1993년까지 예루살렘 시장을 지냈다.

이 세상은 마귀의 소유가 아닙니다

1985년 뒤셀도르프에서 열린 교회대회에서 한 성경 강론

그러나 우리에게는 한 하나님 곧 아버지가 계시니 만물이 그에게서 났고 우리도 그를 위하여 있고, 또한 한 주 예수 그리스도께서 계시니 만물이 그로 말미암고 우리도 그로 말미암아 있느니라.

(고린도전서 8:6)

사랑하는 교우 여러분, 사도 바울의 이 말은 다소 완고하게 들립니다. 오직 한 하나님, 한 아버지, 한 주만 계신다고 말하기 때문입니다. 그 말이 맞다면 대체 이 세상은 어떻게 된 것입니까? 우리 인생에는 신들이 얼마나 많습니까? 우리를 다스리는 주인이 되려고 경쟁하는 신들이 얼마나 많습니까? 그뿐만이 아닙니다. 우리가 우리 자신의 종이 되는 경우는 또 얼마나 많습니까? 유일하고 참되신 주님을 못 보고 지나치는 이들이 고린도와 뒤셀도르프, 브레멘과 포르츠하임, 모스크바와 워싱턴에 얼마나 많습니까? 그 주님이 진정 존재하시지 않는 것처럼, 그분을 간과해버리는 이들이 얼마나 많습니까? 우리가 이런 일상의 현실을 살펴본다면, 오직 한 하나님만이 존재하신다, 오직 한 아버지 한 주님만이 존재하신다는 말은 자명한 말이 아니요, 우리가 쉽게 입에 올릴 수 있는 신앙고백이 아닐지도 모릅니다.

이런 사정은 우리 경우도 마찬가지입니다. 우리는 과연 진정으로 그분만을 바라보고 그분을 통하여 살고 있습니까? 많은 사람들이 우리가 「사도행전」에서 읽게 되는 원시 교회공동체를 주목합니다. 그 공동체는 모든 것을 공유하였습니다. 그것은 필시 사실이었을 것입니다. 어쩌면 우리는 이 2,000년 전의 역사를 오로지 태초의 빛나는 과거로 회상해야 할지도 모릅니다. 그러나 실상을 파헤쳐보면 그 시대는 빛나는 과거가 아니었습니다. 사도 바울이 고린도 교회에 보낸 이 서신은 고린도 사람들이 사도에게 질문하는 내용을 담은 어느 서신에 답장으로 보낸 것입니다. 고린도 사람들이 보낸 그 서신은 우리에게 더 이상 전해지지 않고 있습니다. 바울이 보낸 이 서신은 고린도 역시 거룩한 도시가 아님을 확인해줍니다. 고린도에 있던 그리스도인들의 공동체 역시 "우리에게 한 주님, 한 아버지만이 계시다"라는 말을 쉽게 하지 못할 정도로 거룩함과 거리가 멀었습니다. 고린도에서는 혼인 관계도 문란하였습니다. 가정에서도 "우리에겐 한 아버지, 한 남편만이 있다"라는 말이 들리지 않았습니다. 그리스도인들은 분파를 지어 다투었고, 사람들은 이편저편으로 갈라져 있었습니다.

바울은 자신이 쓴 서신을 읽을 사람들에게 "너희는 아직도 어린아이요, 믿음이라는 단단한 음식을 조금도 감당할 수 없는 자들이다"(고전 3:1-3)라고 말합니다. 그러나 그린 다툼과 혼린 때문에 이런 질문이 등장하게 됩니다. "우리는 무엇을 믿어야 합니까?" "우리가 굳건히 서 있을 수 있는 기초는 무엇입니까?" "우리는 누구를 믿어야 합니까? 사람들이 그의 인생에서 조금이라도 그들이 나아갈 방향을 찾을 수 있을 정도로 신뢰할 만한 사람이 누굽니까?" "우리 소망이 한 주님, 한 아버지만을 섬기는 것이라면, 우리는 어떻게 살아야 합니까?" 저는 이 평신도대회에 온 많은 사람들도 이 질문들의 해답을 찾으려고 모였기를 바랍니다.

고린도에 있던 원시 공동체는 우리와 다른 근심거리를 갖고 있었습니다. '만일 어떤 고기가 우상들에게 바쳐진 것이라면, 사람들이 그 고기를 먹어야 할까?' 그런 우상들은 실제로 존재하지 않는 신이었지만, 사도 바울은 이 문제에 오랫동안 매달렸습니다. 사람이 누구에게 고기를 바쳐야 하는가는 이제 우리가 고민하는 문제가 아닙니다. 하지만 이제는 이런 문제들이 우리의 고민거리일지도 모릅니다. '이 땅에 있는 양식을 어떻게 분배해야 하는가?' '어떤 사람은 너무나 많이 갖고 어떤 사람은 굶어죽는 이유가 뭔가?' '이 세상의 재부(財富)는 너무나 부당하게 분배되어 분배의 영역에서는 사람들이 하나님의 선하심을 인식할 수 없을 정도다. 이 세상의 재부는 대체 왜 그토록 불공평하게 분배되고 있는가?' 이 세상을 보면, 이 세상의 소유주가 주님이시라는 사실보다 오히려 자신이 이 세상의 주인인 것처럼 행세하는 많은 사람들의 소유권 주장이 더 눈에 들어옵니다. 이런 현실이야말로 진정 우리의 근심거리요, 문제인지도 모릅니다.

'우리 인생의 주인은 대체 누구인가?' 이 물음은 비단 정치뿐만 아니라 개인의 삶에서도 늘 문제가 되어왔습니다. 이 교회대회와 동행해야 할 말씀은 자신이 차지한 것을 움켜쥔 채 놓지 않는 자의 말씀이 아닙니다. '땅은 모두 주 하나님의 소유입니다.' 이것은 늘 변함없는 진리입니다. 이 세상은 마귀 소유가 아닙니다. 우리는 숙명을 아주 쉽게 받아들입니다만, 이 세상은 그저 무력하게 숙명 속으로 빨려 들어가지 않습니다. 우리 삶, 우리 한 사람 한 사람의 삶 역시 결코 피할 수 없는 운명이 아닙니다. 이 세상을 망가뜨리면서도, 이 세상이 자신들의 소유가 아니며, 앞으로도 자신들의 소유가 될 수 없다는 사실을 모르는 사람들이 너무나 많습니다. 이 세상은 분명 유일하신 아버지, 유일하신 주님이라 불리는 그분의 소유입니다.

지금도 이렇게 형상(우상)들이 많건만, 우리는 이 형상들로도 여전히 족하지 않다고 느낍니다. 우리는 정말 여러 아버지들과 여러 주(主)를 알고 있습니다. 때문에 이 세상의 소유주인 유일한 주님, 유일한 아버지의 형상은 어둠 속에 묻혀 보이지 않습니다. 대체 한 주는 누구시며, 이 아버지는 무엇을 통해 인식할 수 있을까요? 그분의 깊은 신앙 속에서 그분을 인식할 수 있을까요? 아닙니다. 도리어 그분은 이렇게 말씀하셨습니다. "누구든지 내 이름으로 이런 어린아이를 영접하면 곧 나를 영접함이라"(마 18:5, 막 9:37, 눅 9:48). 그분은 우리가 무엇을 보고 당신을 인식할 수 있는시 우리에게 일러주셨습니다. 우리는 지극히 작은 자, 굶주린 지, 병든 자, 옥에 갇힌 자 속에서 그분을 인식할 수 있습니다. 여기서 옥에 갇힌 자는 아무 죄 없이 옥에 갇힌 자만을 말하는 게 아닙니다. 우리가 그분이 우리의 아버지이심을 자각함으로써, 우리가 모두 한 형제요, 한 자매임을 체험하고 깨닫게 될 때 그분은 인식될 것입니다. 그분은 우리 삶 속에서, 우리가 서로 사귐을 나누는 방식 속에서 인식될 것입니다. 그분은 다른 신들 및 다른 주들과 구별되며, 우리들과 다른 아버지들과 관원들도 그분과 구별됩니다.

그분은 구별되십니다. 그분은 오직 당신의 역사만을 진실한 것으로 여기고 믿으며, 이 믿음을 하나의 소유물처럼 단단히 지켜야 할 의무와 속박을 우리에게 지우시지 않기 때문입니다. 이 세계를 소유하신 그분은 이 세계의 미래도 소유하신 주님입니다. 그분은 몸소 다시 오십니다. 그분은 생명이 없는 형상이 아닙니다. 그분은 사람들이 정확한 진실이라고 믿는 것들을 하나로 묶어놓은 결정체가 아닙니다. 그분은 이 온 세상과 우리 한 사람 한 사람을 사랑하시는 주님입니다. 그분은 우리 한 사람 한 사람을 사랑하시는 동시에, 이 세상을 포기하지 않으시고 우리에게 맡기셔서 더 인간다운 세상으로 만들어가게 하셨습니다. 바리새인과 같은 경건이 더 넘치는 세상이 아니라 형제애가 더 넘쳐나는 세상, 종교성이 더 넘쳐나는 세상이 아니라 조금이라도 기쁨이 더 늘어나는 세상을 만들게 하셨습니다. 왜냐하면 이 세상은 마귀 소유가 아니요, 미래를 가진 곳이기 때문입니다. 우리가 고린도와 뒤셀도르프에서 체험하는 것, 우리가 집에서 늘 체험하는 것, 그 모든 것이 이 세계와 이 주님을 다른 모든 것과 구별 짓습니다.

경계를 지워버리는 사람
1995년 6월 12일 에스펠캄프에서 한 설교

몸은 하나인데 많은 지체가 있고 몸의 지체가 많으나 한 몸임과 같이 그리스도도 그러하니라. 우리가 유대인이나 헬라인이나 종이나 자유인이나 다 한 성령으로 세례를 받아 한 몸이 되었고 또 다 한 성령을 마시게 하셨느니라. 몸은 한 지체뿐만 아니요 여럿이니, 만일 발이 이르되, "나는 손이 아니니 몸에 붙지 아니하였다" 할지라도 이로써 몸에 붙지 아니한 것이 아니요, 또 귀가 이르되, "나는 눈이 아니니 몸에 붙지 아니하였다" 할지라도 이로써 몸에 붙지 아니한 것이 아니니, 만일 온몸이 눈이면 듣는 곳은 어디며 온몸이 듣는 곳이면 냄새 맡는 곳은 어디냐? 그러나 이제 하나님이 그 원하시는 대로 지체를 각각 몸에 두셨으니 만일 다 한 지체뿐이면 몸은 어디냐? 이제 지체는 많으나 몸은 하나라. 눈이 손더러 "내가 너를 쓸 데가 없다" 하거나 또한 머리가 발더러 "내가 너를 쓸 데가 없다" 하지 못하리라. 그뿐 아니라 더 약하게 보이는 몸의 지체가 도리어 요긴하고 우리가 몸의 덜 귀히 여기는 그것들을 더욱 귀한 것들로 입혀주며 우리의 아름답지 못한 지체는 더욱 아름다운 것을 얻느니라. 그런즉 우리의 아름다운 지체는 그럴 필요가 없느니라. 오직 하나님이 몸을 고르게 하여 부족한 지체에게 귀중함을 더하사 몸 가운데서 분쟁이 없고 오직 여러 지체가 서로 같이 돌보게 하셨느니라. 만일 한 지체가 고통을 받으면 모든 지체가 함께 고통을 받고 한 지체가 영광을 얻으면 모든 지체가 함께 즐거워하느니라.

(고린도전서 12:12-26)

사랑하는 공동체 지체 여러분, 실제로 우리는 이미 이 설교를 눈으로 보았습니다만, 어쩌면 이와 같이 눈으로 볼 수 있는 설교들은 우리가 귀로 듣는 말씀보다 더 오래 기억 속에 남을지도 모르겠습니다. 우리가 지금 여러분이 방금 들으신 본문과 우리가 보았던 모습들[01]을 연결하려고 노력한다면, 여기 루트비히-슈타일-호프(Ludwig-Steil-Hof)[02] 여름 축제에서 보내는 한날이 아름다운 날이 될 수 있을 것입니다.

교회와 기독교의 오랜 전통을 살펴본 사람들은 교회와 기독교가 육신은 거의 이야기하지 않음을 깨닫습니다. 온통 교회가 몸(육)을 좋게 여기지 않는다고 말하는 책뿐입니다. 사실 우리도 육을 따라 살지 말아야 한다는 말씀을 들었습니다. 그러고 보니, 「고린도전서」에서 오로지 몸에 관하여 말하고 우리 자신에 관하여 말하는 곳은 단 한 장뿐입니다.

오늘 본문은 몸에 아주 다양한 지체들이 있다고 말합니다. 이 본문은 '만일 발이 나는 손이 아니라고 한다면, 그 몸이 어떻게 될지' 설명합니다. 당연히 사람들은 자신에게 "이 큰 몸에 한 지체만 있다면, 나는 어떻게 될까?"라고 물어봅니다. 바울은 이런 물음을 놓고 이야기합니다. 우리 몸에 발만 있다면, 걸어 다니고 움직이는 데 쓸 발만 있다면, 늘 여기저기 돌아다녀야 하는 발만 있다면, 우리는 어떻게 될까요? 귀가 이렇게 이야기한다고 가정해봅시다. "우리는 왜 늘 귀여야 합니까? 왜 입이 되면 안 되는 겁니까? 우리는 왜 듣기만 아주 많이 해야 하고, 우리 자신은 말도 하지 못하는 겁니까?" 어떤 일이 벌어질까요? 물론 우리는 '나는 귀만 있는 사람입니다(Ich bin ganz Ohr)'라는 말을 압니다. 예전에 저는 이 말을 들으면서 정말 '귀만 있는' 사람이 있다고 생각했습니다. 귀만 있는 사람이 할 수 있는 말은 '나는 아주 잘 듣습니다' 뿐일 것입니다.

「고린도전서」에 나오는 이 본문을 주의 깊게 새겨들은 사람은 여기서 '우리가 다 필요한 사람임을 말하고 있다는 것'을 확인합니다. 여기 이 본문은 불필요한 사람은 아무도 없다는 것, 지나치게 허약하고 우둔한 사람은 아무도 없다는 것, 고상하고 가치 있는 사람이 아니라는 이유로 몰아내야 할 사람은 아무도 없다는 것을 우리에게 일러줍니다. 여러분이 자신의 인생을 계속하여 높아만 가는 시끄러운 음계로 생각한다 해도 사실은 문제될 게 없습니다. 오히려 몸에 있는 지체들이 무엇을 하며 그것들이 어떻게 조화를 이루고 있는가가 문제입니다. 중요한 것은 두 손을 활짝 펴고 그 손을 내밀어 남을 돕는 것이지, 주먹을 쥐고 탁자를 내리치며 자기 힘을 과시하는 것은 중요하지 않습니다. 중요한 것은 두 손을 펴서 이웃을 돕고 팔꿈치가 이 사회의 상징이 되지 않게 하는 것입니다. 눈과 귀가 모테트 음악[03]에만 민감해지지 않고, 세상에서 들려오는 절규에도 민감해지는 것이 중요합니다. 디트리히 본회퍼는 자신의 시대에 이렇게 말했습니다. "유대인들을 위하여 울지 않는 사람은 그레고리우스 성가도 불러서는 안 된다."[04]

몸, 그리고 몸에 있는 여러 지체들이 하는 다양한 역할을 이야기하는 이 본문은 「고린도전서」에서 성찬을 제정하는 말씀 뒤에 나오고, '사랑을 높이 찬미하는 말씀'("내가 사람의 방언과 천사의 말을 할지라도 사랑이 없으면 소리 나는 구리와 울리는 꽹과리가 될 것이다") 앞에 나옵니다. 이 본문 앞에 있는 성찬 제정 기사는 우리가 하나님의 식탁에 초대받았음을 알려줍니다.

성찬과 사랑이라는 두 극점 사이에는 우리가 서로 섬겨야 한다는 말씀이 자리 잡고 있습니다. 그러나 우리는 우리 삶의 실상이 이 말씀과 완전히 딴판이라는 것을 잘 압니다. 우리 삶을 들여다보면, 사람들은 하나같이 자기 무리, 자기 정당, 자기가 속한 사회 계층만이 이득을 누리게 하려고 발버둥 칩니다. 이 이야기는 '우리가 다른 사람을 돌아보는지' '우리가 다른 사람들의 은사를 인정하는지' '우리가 우리 은사로 우리 자신을 다른 사람에게 인식시켜주는지' 우리에게 묻고 있습니다.

여기 에스펠캄프 루트비히-슈타일-호프 여름 축제 자리에서 그런 이야기를 하려면, 어린 시절에 우리가 겪은 선례를 아주 자세하게 이야기해볼 필요가 있습니다. 이 자리에는 "너도 해외에서 온 이주자니?"라는 물음은 이제 더 이상 존재하지 않습니다. 이 자리에는 "너는 독일 국적을 갖고 있니?"라는 물음은 더 이상 존재하지 않습니다. 이 자리에는 "우리는 사실 외국인들이 너무 늘어나는 것을 이미 오랫동안 방치해두지 않았는가?"라는 물음 역시 더 이상 존재하지 않습니다. 도리어 이 자리에는 우리가 닫힌 문을 활짝 열어야 한다는 음성이 존재합니다. 지금은 우리가 자신의 은사를 활용하여 서로 도와야 한다는 음성, 그럼으로써 우리가 한 몸을 이루고 그 몸이 조화를 이루어 살아가도록 해야 한다는 음성이 있을 뿐입니다.

저는 오늘의 이 성경 본문을 어릴 때에 처음으로 그 뜻을 새겨가며 읽었습니다. 저는 그때 이 본문을 읽으면서 두꺼운 마분지로 만들어진 조그만 신발을 떠올렸습니다. 제 누이가 자신이 갖고 있던 셀룰로이드 인형 조각들을 담아놓던 신발이었습니다. 거기에는 아주 많은 팔과 조그만 뼈들이 있었습니다. 어린 소년이었던 저는 그것들을 다시 제대로 맞춰보려고 시도하였습니다. 그러자 그 낡은 셀룰로이드 인형 조각들로부터 전혀 다른 기이한 몸이 만들어졌습니다. 어느 것 하나도 조화를 이루는 게 없었고, 어느 것 하나도 서로 들어맞는 게 없었습니다.

우리는 몸이란 것이 유기체로 자라가고, 여러 개의 부분이 한데 모여 전체가 된 존재의 형상이지만, 동시에 언젠가는 지금보다 더 약해지고 힘을 잃게 되며, 더 강한 자의 도움에 의지하게 될 존재의 형상임을 모두 알고 있습니다. 우리는 이 형상에서 발과 손만이 아니라, 젊은지 늙었는지, 다른 사람과 함께 살아가는지 홀로 살아가는지, 성격이 활달한지 우울한지 여부도 역시 중요하다고 말합니다. 저는 이렇게 말하는 것이 이 형상을 아주 혹독하게 대하는 것은 아니라고 생각합니다.

바울이 묘사하는 형상은 여러 부분을 함께 모아놓은 것의 모습입니다. 그 형상은, 네 나라 사이의 경계를 말끔히 지워버린 그 조그만 소년의 모습처럼, 경계를 지워버리는 사람의 형상입니다.[05] 사람들이 그런 형상을 우리 일상의 삶 속에 옮겨오면, 우리 집, 우리 가정에서 경계는 사라지기 시작합니다. 우리 집, 우리 가정이야말로 우리가 겉으로는 화목하게 조화를 이루며 살아가는 곳이지만, 사실은 그곳에서 우리가 얼마나 자주 상대를 화나게 만드는지 우리 자신도 잘 압니다. 좁은 거주 공간에서 이루어지는 많은 만남 때문에 괴로움을 겪으면서도 다른 사람에게 기꺼이 양보하는 곳, 그곳이 바로 우리 집, 우리 가정입니다.

우리가 사는 이 세상에서는 신문의 기사 제목이 세상을 규정하는 일이 계속되고 있습니다. 세상이 그렇다 보니 우리는 그 제목들을 보며 알게 모르게 서로 마주 보기보다 서로 등을 돌리게 되는 일을 되풀이합니다. 신문 기사 제목을 보십시오. "23세 청년이 주거침입 강도죄를 저지르다"라는 기사 제목은 더 이상 존재하지 않습니다. 그 대신 "터키계 청년이 주거에 무단침입하다"라는 제목이 있을 뿐이지요. 축구 팬들이 광장에서 싸움을 벌이는 일은 이제 더 이상 없습니다. 동독과 서독 사이의 분열도 이제는 더 이상 존재하지 않습니다. 그러나 극우파가 저지른 사건은 변함없이 이야깃거리가 되고 있지요. 우리는 오래전에 이 극우파와 권력을 하나로 묶어준 적이 있습니다.[06] 정치적 배경이 전혀 없으면 권력도 존재할 수 없는 것처럼 생각했기 때문이죠.

외국인과 독일인. 우리는 이 주제를 아주 많이 다루었고 아주 많이 주목하였습니다. 이제는 진정 급진주의자들의 표어는 존재하지 않습니다만, 오히려 서로 다른 민족이 앉아 있는 식탁들에서 싹튼 이질감이 불안으로 변하고, 그 불안이 다시 증오로 바뀌어 문제를 야기하고 있다는 생각이 듭니다. 낯선 이방인은 종종 예기치 못한 기쁨을 안겨줍니다만, 이 외국인들이 우리에게 불안을 일으키는 위험한 상징으로 바뀔 수도 있는 게 현실입니다.

그러면 우리는 이런 순환에서 어떻게 빠져나올 수 있을까요? 십중팔구 사도 바울은 이 본문에서 그 문제를 생각하고 있는 것 같습니다만, 정작 우리는 우리 자신을 여러 지체가 한데 모여 만들어진 한 몸이 아니라 두 손 아니면, 두 발 아니면, 두 눈 아니면, 두 귀로 인식합니다. 이 본문의 결론은 이렇게 말씀합니다. "만일 한 지체가 고통을 받으면 모든 시체가 함께 고통을 받고 한 지체가 영광을 얻으면 모든 지체가 함께 즐거워하느니라." 우리 자신이 이 말씀을 깨달으면 우리는 더 이상 어떤 사람을 내 모습을 따라 만들어낸 사람, 내가 멋대로 만들어낸 그 사람의 모습, 내가 그 사람을 좋아할 경우에 가질 법한 심상(心象)을 따라 바라보지 않

고, 하나님이 사랑하셨고 하나님이 지금도 사랑하시는 그 모습 그
대로 바라보게 됩니다. 이 땅에 있는 사람 중에 하나님의 이 사랑
에서 제외될 사람은 아무도 없습니다. 그러므로 이제 우리는 우리
몸, 우리 몸들, 우리 지체들이 그저 서로 바라보고 서로 지배할 목
적으로 존재하지 않도록 만드는 연습을 시작해야만 합니다. 동시
에 우리는 그 몸과 지체들을 향수할 필요가 있습니다. 그것들은
하나님이 주신 선물이기 때문입니다. 다른 사람의 귀, 내 자신의
입, 내 자신의 손, 다른 사람의 발, 이것이 실은 다 한 몸입니다.

　「고린도전서」 12장의 이 본문은 몸의 여러 기능들을 논하고 있
습니다만, 이 몸이라는 형상은 다른 곳에서 그리스도 바로 그분을
가리키는 말로 사용되고 있습니다(롬 12:5, 고전 12:27). 즉 그분은
몸이고 우리는 그 몸을 이루는 지체들이라는 것입니다. 우리가 우
리 자신을 그리스도의 몸에 있는 지체들로 이해할 때, 우리는 그
분과 닮은 존재가 됩니다. 그리스도는 우리가 우리 형상을 따라
살지 아니하고, 당신의 형상을 좇아 우리 삶을 펼쳐가기를 원하십
니다.

01. 루트비히-슈타일-호프에서 일하는 자원봉사자들이 의지할 곳이 없는 노약자들과 병자들과 청소년들과 독일어가 모국어가 아닌 외국인들을 보살피고 도와주는 모습을 말한다. 그 모습은 모든 이가 한 몸을 이루는 지체로서 서로 도와야 한다는 이웃 사랑의 정신을 그대로 구현하는 장면이었다.

02. 독일 개신교회가 사회의 약자인 노인들과 병자들, 청소년들과 외국인들을 돕고 치료하며 보살필 목적으로 독일 에스펠캄프에 세운 재단 형태의 기관이다. 본디 루트비히-슈타일-호프라는 이름은 독일의 목사인 루트비히 슈타일(1900-1945)의 이름을 따서 붙인 것이다. 슈타일 목사는 나치가 독일을 지배할 당시, 독일 고백교회에 참여하여 반 나치 투쟁을 벌이다가 게슈타포에게 체포되어 바이어른 주 다하우에서 옥사하였다. 1944년 체포 당시 이미 폐렴에 걸려 있었는데, 가혹한 감옥 생활이 병을 악화시켜 결국 이 때문에 숨을 거둔 것이다. 1948년, 독일 개신교회는 슈타일 목사의 이웃 사랑과 저항 정신을 기려 본디 탄약고가 있었던 에스펠캄프에 난민들을 보살필 구호 기관을 세웠다. 이곳이 바로 루트비히-슈타일-호프다. 라우 대통령은 고백교회의 이웃 사랑 정신이 구현된 이곳에서, 사회의 모든 지체가 서로 섬기고 보살핌으로써 온몸을 든든히 세워가야 함을 역설하고 있다.

03. 성경에 나오는 시구에 곡을 붙인 무반주 다성 음악을 말한다.

04. 본회퍼의 동지인 에버하르트 베트게의 말에 따르면, 본회퍼는 독일 고백교회 신학교가 있던 핑켄발데에서 학생들을 가르치던 1935~1936년에 이 말을 하였을 것이라고 한다. D. Bonhoeffer, *Gemeinsames Leben*, Gütersloh: Gütersloher Verlagshaus, 2001, 107쪽(베트게가 쓴 후기) 참조.

05. 네 나라 사이의 경계를 말끔히 지워버린 그 조그만 소년이 누구인지는 확실치 않

다. 아마 라우 대통령의 설교를 현장에서 듣고 있던 사람들은 그가 누구인지 알
았을 것이나, 역자는 그가 누구인가를 확실히 알아낼 수 없었다.

06. 바이마르 공화국 시절에 독일 국민들이 선거를 통하여 공산주의와 유대인 척결
을 외친 나치당에게 정권을 넘겨준 일을 말한다. 나치당은 1932년 7월에 실시된
총선에서 원내 제1당이 되었다. 당시 대통령이었던 힌덴부르크는 결국 1933년
1월에 히틀러를 공화국 수상으로 임명하였다. 이때부터 나치의 12년 통치가 시
작되었다.

18

하나님의 말씀은 매이지 않습니다

1989년 5월 14일 스위스 취리히에서 한 설교

내가 전한 복음대로 다윗의 씨로 죽은 자 가운데서 다시 살아나신 예수 그리스도를 기억하라.

복음으로 말미암아 내가 죄인과 같이 매이는 데까지 고난을 받았으나 하나님의 말씀은 매이

지 아니하니라.

(디모데후서 2:8-9)

성령강림주일을 맞이할 준비를 하면서 성경을 읽고 묵상하며 설교를 기다리는 일이 아니라 다른 일들로 자신의 하루를 보내는 사람은, 이번 주일 설교 본문이 들어 있는 이 「디모데후서」에서 거기에 있는 이름들을 찾아보고, 자신이 알고 있는 것이 무엇이며, 누군가에게 맡겨진 일이 무엇인지 찾아보기 바랍니다. 「디모데전서」와 「디모데후서」 두 서신에는 여러 가정의 소식과 공동체 내의 다툼을 지적하는 내용과 이 서신들을 받을 사람들에게 주는 훈계들이 많이 들어 있습니다. 누군가가 이 두 서신과 같은 서신들을 읽는다면, 그 사람은 한 이틀 정도 심사숙고하며 서신을 읽은 다음, 당시에 디모데가 서신에서 들은 내용을 우리 상황에 적용해보려고 시도할 것입니다.

디모데가 있던 그곳에는 지금 우리에게도 존재하는 공동체 내의 다툼, 무엇이 그리스도인들이 따라야 할 올바른 신앙생활 방식인가를 둘러싼 지체들 간의 대립이 존재하였습니다. 우리는 함께 앉아 있으면서도 이 사람이나 저 사람, 이 가르침이나 저 가르침,

이 생활 기준이나 저 생활 기준을 상당히 참아내기 힘든 것이라고
규정하는 경우가 아주 많습니다. 그런가 하면, 우리가 어떤 사람,
그리고 그 사람이 우리를 대하는 방식을 되새겨볼 때에 비로소 그
의 매임(그를 옭아맨 것들)과 그의 갇힘(그를 가둬놓은 것들)과 그의 꺾
이지 않는 주장들을 분명히 이해하게 되는 경우가 아주 많습니다.

우리는 각자 그 나름의 매임을 갖고 있습니다. 우리 각자에게
는 그 사람에게 주어진 것, 그 사람이 습득하여 그의 몸에 배어버
린 것의 흔적이 존재합니다. 이 세상에 부수인간(Nebenmann, 다
른 사람과 똑같아서 있어도 그만, 없어도 그만인 사람)은 아무도 없습니
다. 하나님은 같은 사람을 두 번 세 번 찍어내시지 않았습니다. 그
분은 모든 사람을 단 하나만 존재하는 원본들로 만드셨습니다. 온
세계, 온 나라, 온 지역이 맞서 싸우는 악한 매임들(사람을 옭아매는
것들)이 있습니다. 마약이나 알코올이나 도박이 바로 사람들을 옭
아매는 것들입니다. 그런가 하면 우리 중에는 그 어떤 것에도 매
이지 않은 것처럼 보이는 사람들이 있습니다. 겉으로 보면 그들은
매인 게 없으니 자유인입니다. 그러나 과연 그럴까요? 도리어 우
리는 모두 감추고 싶은 자기만의 매임을 갖고 있지 않습니까? 우
리는 우리 자신이 무언가에 매여 있다는 것을 다른 사람들이 어떤
경우에도 전혀 깨닫지 못하기를 바라는 건 아닐까요? 이 목회서
신은 사람들을 옭아매는 것들을 많이 이야기합니다. 그러나 그것
들을 바울이 말하는 매임들과 견주어보면, 하나같이 사소하고 하
찮은 것들이 되어버립니다.

여기서 바울은 자신의 독특한 인생사를 한 번 더 분명하게 이야기합니다. 그의 인생사는 매임에서 더 나아가 그를 묶은 띠들, 그의 몸을 묶은 사슬에서 더 나아가, 그의 발에 채워진 족쇄와 연관을 맺고 있습니다. 그는 이렇게 말합니다. "나는 매를 맞았다." "나는 고문을 받았다." "나는 족쇄에 묶여 있었다." "그리고 지금 나는 마치 범죄자처럼 사슬에 묶인 채 너에게 말하고 있다." 그러나 이런 말들 다음에 낯선 이방인처럼 느껴지는 말이 하나 등장합니다. "나는 여기서 범죄자처럼 사슬에 묶여 있으나, 하나님 말씀은 매이지 아니하였다." 그는 「디모데후서」 2장 9절에서 그렇게 말하고 있습니다. 우리 함께 이 구절을 잠시 깊이 생각해보도록 합시다. 이 말씀이야말로 진정 상반된 것을 보여주는지도 모릅니다. 이 세상에 있는 모든 것이 다 무언가에 매여 있는데, 유독 하나님 말씀은 그 모든 것과 달리 매여 있지 않고 자유하며, 그 누구에게도 속해 있지 않기 때문입니다. 우리가 한 성령강림절에 우리가 몸담은 교회, 이 그리스도의 교회에서 일어난 사건을 그렇게 설명할 수 있다면, 유쾌한 설명이 될 것입니다.

성경에 있는 이야기들을 읽을 때는 때때로 그 반대편 이야기를 상상해볼 필요가 있습니다. 저는 2주 전에 스위스에 있는 제 친구에게 편지를 보내면서, 성령강림절에는 여기 제바흐에 있을 예정이라고 말했습니다. 제 편지를 받은 그 친구는 답장을 보내면서 도발로 느껴지는 성령강림절 이야기를 하나 보내왔습니다. 그는 내게 「사도행전」 2장의 성령강림 기사를 한번 달리 생각해보도록 권유했습니다. 「사도행전」 2장은 제자들이 예루살렘에 모여 함께 기거하며 주님의 희생(살과 피)을 기념하는 식사를 나누었다고 말합니다. 제 친구가 써 보낸 요지는 이랬습니다.

"그 제자들이 예수를 회상하는 일에 더 깊이 몰두할수록, 그들이 예수에 대한 회상을 중심 삼아 더 긴밀한 무리를 이뤄갈수록, 그들은 바깥 세상에 더욱더 많이 알려지게 되었을 걸세. 또 그들이 인간 예수의 면모를 이야기하는 경우가 많아지면 많아질수록, 아무래도 그 제자들의 말이 다른 어느 누구도 따라올 수 없는 힘을 가졌을 거란 말일세. 그건 당연한 일이었을 게야. 그러다 보니, 바대인(파르티아인)과 메대인(메디아인)과 엘람인, 그리고 메소보다미아(메소포타미아)와 갑바도기아(캅파도키아)와 희랍과 로마에서 온 사람들처럼, 다른 나라에서 온 사람들은 예수를 회상하는 자리에서 소외되었을 거란 말일세. 결국 그 사람들은 모두 이렇게 말하게 되었을 거야. '진짜 요새는 이 나사렛 예수 이야기가 하나도 안 들리네. 그 사람은 죽었다가 정말로 죽음에서 일어난 것 같아.' 제자들은 예수 이야기를 계속했을 거야. 자리에서 일어나 예수에게 경의를 표했을지도 모르지. 어쩌면 때를 정하여 꾸준히 모이자고 약속했을지도 모르네. 그리다가 예수 이야기를 듣는 사람들이 더 이상 없게 되면서, 언제부터인지 예수 이야기가 쏙 들어가버렸을 거야. 이게 아마 「사도행전」이 말하는 성령 강림 이야기와 정반대 이야기의 윤곽이 아닐까 싶네. 그렇게 보면 이 성령강림절은 성령이 임하는 잔치가 아니라 그저 예수를 기억하는 잔치, 뭔가가 시작되는 잔치가 아니라 그저 예수를 기념하는 잔치가 아닌가 하는 생각이 드네.”

하지만 성령강림절(오순절)에는 제 친구의 말과 전혀 다른 일이 일어났습니다. 제자들은 자기들만이 쓰는 언어, 종교적 수사가 난무하는 언어, 회상에 취한 언어로 말하지 않았습니다. 도리어 그들은 세상 사람들이 사용하는 언어로 말하였습니다. 그들의 말은 바대인, 메대인, 메소보다미아에서 온 사람들이 다 알아들었습니다. 그 오순절 잔치는 뭔가 새로운 시작을 알리는 잔치였고, 그날은 말씀의 의미가 심령을 파고든 날이었습니다. 성령강림절은 이 말씀이 실재가 되기 시작한 날일 것입니다. 하나님 말씀은 매이지 않았습니다. 하나님 말씀은 자유롭습니다. 여러분은 족쇄에도 매이지 않고 그 어디에도 예속되지 않은 하나님 말씀을 받고 있습니다.

아무것도 변하지 않고 우리 역시 2,000년 전이나 지금이나 동일하며, 예전에 있던 것이 지금도 변함없이 존속한다고 말할 수 있다면 어떠할까요? 여러분, 한번 그런 경우를 상상해보십시오. 이 하나님 말씀은 결코 매이지 않습니다. 그러나 우리가 사는 세계의 역사, 우리 교회의 역사는 하나님 말씀과 달라 보입니다. 최근 10년 동안 이 「디모데후서」 본문을 해석했던 사람들은 우리에게 많은 종류의 매임들을 일러주었습니다. 그런데 우리 그리스도인들은 하나님 말씀도 그렇게 매여 있는 것 속에 집어넣었습니다. 하나님 말씀을 우리 삶의 방식뿐만 아니라 우리 자신의 철학과 일치시키려고 시도한 적이 얼마나 많습니까? 콘스탄티누스 대제로부터 우리 시대의 지배자들에 이르는 역사를 살펴보면, 하나님 말씀을 써먹을 수 있고 이 말씀이 필요하며 이 말씀이 쓸모 있다고 여기는 곳만 있으면 이 말씀을 부려먹으려고 시도했던 이들이 얼마나 많습니까? 하나님 말씀으로부터 우리의 확신이니 목표의식이니 하는 것들을 팔아먹을 시장을 만들어내려고 시도한 경우가 얼마나 많습니까?

사슬에 묶인 사람은 누구나 "나는 묶여 있다"라고 말합니다. 그러나 이 하나님 말씀은 매이지 아니하였고, 어느 누구도 처분할 수 없습니다. 이 말씀은 어느 누구의 소유도 아니며, 어떤 사람, 어떤 정치, 어떤 경제 체제, 어떤 이데올로기도 이 말씀을 하나의 도구로 만들 수 없습니다. 어느 누구도 이 말씀을 종으로 만들 수 없습니다. 이 말씀은 하나님의 사랑을 담아 해방을 선포하는 소식이기 때문입니다. 이 조그만 말씀 역시 마찬가지입니다. 하나님 말씀은 매이지 않았습니다. 여러분이 하나님 말씀을 소유한 게 아니라, 하나님 말씀이 여러분을 소유하였습니다. 이 말씀은 사상과 성찰에서 비롯된 어떤 구조가 아니며, 어떤 사회질서를 건설하려는 세계관도 아닙니다. 이 말씀은 사람들이 해방되었음을 알리는 소식입니다. 이 말씀은 자신을 옭아맨 것들, 자신을 묶은 사슬들, 자신이 종속되어 있는 것들에 갇혀 있던 이 사람이 자신을 예속시킨 이 모든 것에서 벗어나 이전과 다른 존재가 되었음을 알리는 소식입니다. 이 소식은 약물중독자들과 국회의원들에게 유효한 소식입니다. 이 소식은 다양한 종속 상태에 빠져 자신을 옭아맨 것에 사로잡힌 채 단 한 번도 자유로운 공기를 호흡할 수 없는 인생들에게도 유효한 소식입니다. 이 소식은 이 세상의 지배자들과 자신이 힘을 가지고 있다고 믿는 자들에게도 유효한 소식입니다. 우리는 주일에 "제후들도 사람일 뿐 / 여인에게 태어나서 / 흙 속으로 돌아가네(Fürsten sind Menschen vom Weibe geboren und kehren um zu ihrem Staub)"[01]라고 노래합니다. 바로 그 제후들에게도 이 해방의 소식은 유효합니다. 하나님 말씀은 매이지 않았습니다. 하나님 말씀은 자유로우며, 사람들에게 자유를 줍니다.

그리스도인들은 늘 자신들의 행동과 자신들의 말로, 그리고 자신들의 말과 행동이 일치함을 보여줌으로써 이 해방의 소식을 증명하고 증언하려고 힘써왔습니다. 하지만 동시에 그리스도인들과 교회의 역사와 그리스도인 공동체의 역사는 그들이 증명하려는 해방의 소식과 모순되는 반대증거처럼 보이는 것들을 거듭하여 제시해왔습니다. 그리스도인들은 스스로 주인이 되었고, 모든 것이 자신에게 적응하도록 만들었습니다. 그 바람에 교회는 있는지 없는지도 알 수 없는 곳이 되어버렸습니다. 그 결과, 그리스도인들은 일종의 사회 집단 내지 세력 집단, 그것도 강력하고 노련한 집단인 것 같은 냄새를 풍기게 되고 말았습니다.

인간의 역사와 교회 역사를 살펴보면, 늘 두 가지 흐름이 있습니다. 하나는 하나님 말씀을 예속시키려고 하는 흐름이요, 다른 하나는 하나님 말씀을 바르멘 신학 선언이 언급했던 그것(곧 인간이 임의로 만든 희망과 목적과 계획)으로부터 자유롭게 만들려는 흐름입니다.[02] 이 때문에 바르멘 신학 선언의 여섯 번째 테제 역시 "하나님 말씀은 매이지 아니하였습니다"를 그 제목으로 삼았습니다. 어느 누구도 이 교회를 자신에게 예속시켜서는 안 됩니다. 어느 누구도 이 교회를 자신의 의지를 관철하는 도구로 만들어서는 안 됩니다. 그리스도인의 신앙은 우리가 이 하나님 말씀이 자유롭다는 것을 인식하고 고백하며 삶으로 보여줌으로써 증명됩니다. 이처럼 우리가 할 일은 한정되어 있습니다.

칼 바르트는 우리를 가리켜 소식을 전하는 집배원일 뿐이라고 말했습니다. 우리는 진정 편지 내용을 그 발신인(하나님)과 함께 결정하는 존재가 아니라 그 편지를 전달해주는 사람일 뿐입니다. 우리는 우리가 전달하고 우편함에 넣어주는 편지의 수신인 주소를 결정하는 데 단 한 번도 참여한 적이 없습니다. 그 주소는 발신인이 결정하실 사항입니다. 우리가 할 일은 이렇게 한정되어 있습니다. 하지만 동시에 이 일은 그리스도인들이 맡을 수 있는 직무 가운데 가장 위대한 것입니다. 하나님 말씀은 매이지 않았다고 우리는 말합니다. 우리는 자유에 관하여 이야기하고, 이 말씀에 자유를 안겨주는 힘이 있음을 이야기하며, 그 힘을 믿습니다. 우리가 그렇게 말하고 이야기하며 믿는다는 것은 우리가 성경을 통하여 성경을 해석할 수 있도록 허용하는 것이요, 「요한복음」의 서두가 이 하나님 말씀이 무엇인가가 아니라 이 하나님 말씀이 누구인가를 이야기한다는 점을 되새겨볼 수 있도록 허용하는 것입니다. 「요한복음」의 서두에는 신학자들과 철학자들이 내세우는 교훈 체계나 구조는 전혀 존재하지 않습니다. 그곳에는 다만 "태초에 말씀이 계시니라. 이 말씀이 하나님과 함께 계셨으니 이 말씀은 곧 하나님이시니라"라는 말씀만이 있을 뿐입니다.

예수 그리스도는, 바르멘 신학 선언의 말처럼, 우리가 사나 죽으나 신뢰해야 할 하나님의 살아 계신 말씀입니다.[03] 따라서 이 그리스도는 자유롭습니다. 그분은 결코 매일 수 없습니다. 그분은 그 어떤 것에도 예속당하시지 않습니다. 그분은 사회 체제, 세계관, 기독교 체제, 사회주의 체제, 보수 체제나 진보 체제, 그 어떤 것에도 복종하시지 않습니다. 그분은 온 세상의 주님이시기 때문입니다. 진정 이 말이 맞다면, 진정 만민을 해방시키고 그 어떤 족쇄에도 매이지 않는 이 능력이 존재한다면, 이 성령강림절은 우리가 할 일들을 분담하는 날이요, 이 「디모데후서」 2장의 말씀과 더불어 바르멘 신학 선언의 여섯 번째 테제를 이루고 있는 또 하나의 말씀, 곧 "너희는 가서 내가 너희에게 분부한 모든 것을 가르쳐 지키게 하라"를 말하는 날이 될 것입니다.

우리는 이전에 「마태복음」 28장 19~20절의 이 말씀을 지리를 염두에 둔 본문으로 보았습니다. 말 그대로 "다섯 대륙으로 가서 내가 너희에게 분부한 모든 것을 가르쳐라"라는 말씀으로 여겼지요. 그러나 "온 세상으로 나아가라"라는 이 말씀은 비단 "아시아와 아프리카와 아메리카, 여러 란트와 지방과 칸톤(Kanton)[04]으로 나아가라"는 뜻만이 아니라 "정치 세계, 철학 세계, 의학 세계, 기술 세계로 나아가라"라는 뜻이기도 합니다. 동시에 이 말씀은 온 세상의 주님이신 이 분이 당신 외에 그 어떤 신도 용납하시지 않는다는 뜻이요, 우리가 우리 사람을 우리가 만든 법으로 규율하는 것, 기술과 경제가 자신이 만든 법으로 자신을 규율하는 것을 용납하시지 않는다는 뜻입니다. 정치 분야에서는 자신이 만든 법으로 자신을 규율하는 일이 일어날 법도 하지만, 온 세상의 주님은 이것 역시 용납하시지 않습니다.

따라서 이 세상의 모든 영역은 만인에게 자유를 안겨주는 능력이 되시는 이 하나님의 말씀 아래에 있습니다. 예수는 당신이 바로 이 말씀이요, 이 말씀의 완성이라고 말씀하십니다. 그렇기에 성령강림절은 사람들이 그저 아름다웠던 때를 회상하는 창립기념일이 아니라, 우리가 해야 할 일을 맡는 날입니다. 우리가 할 일은 이 세상을 움직이고 바꾸는 것입니다. 우리가 할 일은 이 세상의 언어들을 습득하여 다양한 지역에서 사용되는 그 많은 언어들로, 이 세상이 버림받지 않고 멸망당하지 않으며 비운의 숙명은 끝이 나리라는 것을 일러주는 것입니다. 이 세상에 소망이 있고 이 세상에 미래가 있는 한, 우리가 늘 그 사랑을 떠올리는 주님이 우리 삶의 종점과 이 세상의 종점에서 기다리고 계시는 한, 이 세상은 버림받지 않고 멸망당하지 않으며 비운의 숙명은 막을 내리게 됩니다.

01 독일 개신교회와 가톨릭교회가 공동으로 사용하는 복음송가 303장에 나오는 가사다.

02. 바르멘 신학 선언(die Barmer Theologische Erklärung)은 독일 교회가 히틀러에게 동조하여 복음을 훼손하고 하나님이 아닌 히틀러를 신봉하는 집단으로 변질되어가는 것에 반발한 신학자들과 목회자들이 1934년 5월 29일부터 5월 31일까지 독일 부퍼탈-바르멘에 모여 논의한 결과를 여섯 개 테제로 압축하여 내놓은 것이다. 칼 바르트가 기초하였고, 독일 고백교회 지도자로서 반 나치 투쟁에 나섰다가 여러 차례 투옥 당했으며 2차 대전 이후에는 독일 고백교회의 전통을 이어받은 독일 개신교회 총회장을 지내기도 했던 루터파 목사 한스 아스무센(1898-1968)이 설명을 첨가하였다. 나치에 저항한 독일 고백교회의 신학 기초가 된 이 선언은 여섯 번째 테제에서 「디모데후서」 2장 9절과 함께 「마태복음」 28장 20절을 명제로 제시하면서, '교회가 해야 할 일은 이 땅에서 그리스도를 대신하고 설교와 성례로 그분이 하신 말씀과 행하신 일을 섬김으로써 만민을 해방시키는 하나님의 은혜를 모든 민족에게 선포하는 것'이라고 규정하였다. 동시에 '교회가 인간의 독재 치하에서 독재자가 임의로 만든 희망과 목적과 계획을 섬기면서도 동시에 주님의 말씀과 일을 섬길 수 있는 것처럼 말하는 거짓 교훈을 거부한다'고 선언하였다.

03. "내가 곧 길이요, 진리요, 생명이니"라는 말씀으로 시작하는 바르멘 선언 첫 번째 테제에 들어 있는 내용이다.

04. 스위스 연방을 구성하는 정치 단위.

19

지금도 세상엔 소망이 있습니다

1981년 종교개혁 기념일에 쾰른에서 한 연설

"우리는 단지 이미 생긴 상처를 치료하는 데 그치지 않고, 아예 상처가 생기지
않도록 하며 굶주림 때문에 몸이 붓는 사람이 생기지 않도록 해야 합니다.
이런 일들은 우리에게 주어진 도전들입니다. 우리가 이 세상을 향하여
소망을 품고 있는가, 이 세상에서 소망을 보고 있는가는 이런 일들에
도전하는 모습에서 분명히 드러날 것입니다."

종교개혁 기념일에 연설해야 할 사람은 그 연제(演題)를 '미래
의 그리스도인들'이라 붙이지 말고 '1517년 10월 31일의 그 그
리스도인'으로 바꾸는 편이 사실 타당할 것입니다. 루터는 슐로스
교회(Schlosskirche)에서 망치를 95번 두들겼습니다.[01] 저는 지난
주 소련에 있었습니다. 거기서 안내인이 저를 알렉산드르 푸슈킨
기념비로 안내해주었습니다. 저는 거기서 제가 이전에 그에 관하
여 읽었던 글을 떠올렸습니다. 그러나 그 내용은 더 이상 명확하
게 떠오르지 않았습니다. 제 안내인은 "푸슈킨은 우리 러시아 사
람들에겐 루터와 괴테를 합쳐놓은 인물입니다"라고 말했습니다.
그때 저는 이미 그 사실을 잘 알고 있었습니다. 그러나 제가 오늘
연설할 주제는 '당시의 그리스도인들'도 아니요, 그렇다고 '오늘
의 그리스도인들'도 아닙니다. '현대 그리스도인'이라는 주제가
각광을 받고 있긴 합니다만, 오늘 저는 그 이야기를 하지 않겠습
니다. 대신 우리는 미래에 관하여 이야기를 나누기로 약속하였으
니, 오늘은 그 미래를 주제로 이야기하도록 하겠습니다.

미래를 이야기해야 할 이유들이 있습니다. 우리는 분명 기이한 시대에 살고 있기 때문입니다. 19세기로 다가가 그 시대 사람들의 생각이 어떠했는지 한 번이라도 깊이 생각해본 사람이라면 미래가 사람들이 살아가는 힘이자 이유였다는 것을 확인할 수 있을 것입니다. 그 시대 사람들은 모두 미래를 꿈꿨습니다. 그 미래가 노동운동인가, 신생 독일제국인가, 독일의 이상주의인가는 문제가 되지 않았습니다. 그 시대 사람들에게 미래는 사람들을 옭아맨 족쇄가 떨어져 나가고, 우리의 지식이 더 이상 누더기들을 모아놓은 것이 아니며, 교양이 우리를 해방시켜주는 시대였습니다. 우리는 그 미래를 향하여 나아갔습니다. 그래서 헤르만 클라우디우스는 "다 함께 나란히 걸어가자"[02]라고 말했습니다. '미래가 되면, 하루하루가 아름다운 날이 될 것'이라고 사람들은 믿었습니다. 모든 가곡집과 모든 찬송가에는 '새 시대의 서광'이 있었습니다. 새 시대는 다름 아닌 미래였습니다.

그런데 오늘날은 사람들과 이야기를 나누어보면, 미래는 무시무시하고 피할 수 없는 운명 같은 것입니다(물론 여러분은 저와 생각이 다르실 수도 있겠습니다). 이 시대 사람들이 생각하는 미래는 내가 가진 것을 빼앗기고, 이 세상이 모조리 약탈당하며, 모든 것이 종말로 다가가는 시대입니다. 사도 바울도 종말을 이야기했지만, 그 종말은 모든 게 끝나는 것이 아니라 새로운 시작을 향해 열려 있는 출구였습니다.

늘 새로운 소식들, 늘 새로운 발견들과 발전들, 늘 새로운 정복과 인식을 일궈내는 학문들이 있고, 미래를 앞둔 불안이 점점 더 커져만 가는 이 시대, 이 시대는 정녕 어떤 시대입니까? 이런 불안에는 다양한 이름이 붙어 있습니다. '핵전쟁'이나 '실업'이나 '인원 감축 조항'이나 '환경오염'이 그 이름들입니다. 어떤 분은 제가 엉뚱한 이야기를 한다고 생각하실지 모르겠습니다만, 이 종교개혁 기념일은 기독교의 세당 전투[03] 승리 기념일일지도 모릅니다. 전우들의 옆구리를 쿡 찌르면서 다시 "전우들이여, 전진하라"라고 외치는 날일지도 모른다는 말이지요. 그러나 저는 그런 이야기를 하려는 게 아닙니다. 그렇다고 우리 기독교의 현재가 질서 있게 잘 돌아가고 있는 것처럼 보인다는 유쾌한 이야기를 하려는 것도 아닙니다. 자, 여기서 우리가 진정 주목해야 할 사실이 있습니다.

지난여름 동안의 몇 주, 몇 달에 있었던 일을 기억하시는 분이라면, 개신교 교회대회가 함부르크에서 열렸다는 것도 아실 겁니다. 조직위원회는 그 시간을 준비하느라 24시간을 쉬지 않고 움직였습니다. 12만 명에서 14만 명에 이르는 사람들이 그 대회장을 찾았는데, 그중 절반이 넘는 사람들이 젊은이들이었습니다. 신문 기자들이나 논설위원들은 지금도 교회대회를 찾는 젊은이들이 있다는 사실을 이해하지 못했습니다. 그 젊은이들은 "지금도 미래가 있다"라는 말을 자신들의 바지에 써넣고, 그 말로 머리 모양을 만들며, 서로 그 말을 주고받았습니다. 현장에서 동참하거나 텔레비전으로 그 현장을 지켜보던 우리는 그 모습을 보고 위로를 받았습니다. 젊은이들을 우리가 생각하는 모습대로 길러내면 그들이 질서 있는 삶을 살게 될 거라고 생각하는 우리에겐 그런 젊은이들의 모습은 진정 주목을 끌 만한 것이었기 때문입니다. 그런 자각을 준다는 점에서 이 개신교 교회대회는 사람들에게 올 한 해를 살아갈 수 있는 양식을 줍니다. 그리고 내년에는 또 더 나아지겠지요. 내년에는 가톨릭 교회대회가 있기 때문입니다.[04] 우리 개신교도들은 가톨릭 교회대회가 잘 열릴 수 있도록 침상까지 제공해줍니다. 사람이 서 있는 상태에서는 잠을 제대로 잘 수 없기 때문입니다. 이렇게 우리 개신교회와 가톨릭은 이제 한 달력을 사용하고 있습니다.

1983년에는 독일 개신교회가 루터 탄생 500주년을 맞게 됩니다. 우리는 루터 탄생 500주년을 기념할 것입니다. 그때가 되면 "루터가 본래 어디 출신인가?"를 놓고 동독과 다툼이 벌어질 것입니다. 그때가 되면 바르트부르크[05]가 새롭게 단장되고 특별 기념 우표가 발행될 것입니다. 과연 어느 쪽이 먼저 이 일을 할까요? 서독일까요, 동독일까요? 그 다음 해인 1984년 역시 중요한 해입니다. 바르멘 신학 선언이 발표된 지 50년이 되는 해이기 때문입니다. 그때가 되면 우리는 저항했던 사람들을 기억할 것입니다. 그들은 이미 1934년에 사람들이 전체주의를 진리로 받아들여도 여전히 성경 말씀을 따라 살아갈 수 있다고 말하던 전체주의자들을 단호하게 거부하였습니다. 그렇기에 우리는 그날도 기념일로 정해놓고 있습니다.

그러나 우리는 자신이 평일도 그리스도인으로서 살아가는지, 아니면 교회대회가 열리는 날만 그리스도인으로서 살아가는지 스스로에게 물어봐야 합니다. 개신교 교회대회가 열리는 날과 가톨릭 교회대회가 열리는 날은 수십만의 사람들이 모여듭니다. 그런데 정작 주일예배에는 사람들이 없습니다. 대체 그 원인이 뭘까요? 우리 자신이 문제일까요? 우리는 종교개혁이 일어난 뒤 수십 년, 수백 년이 흐르는 동안, 그리고 성경 말씀이 선포된 뒤로 2,000년이 흐르는 동안, 선포된 말씀을 조그만 동전들에 새겨 넣는 말로 바꿔버렸습니다. 이제 그 동전에 새겨진 말씀은 더 이상 알아볼 수 없게 되었고, 그 동전들 역시 가치 없는 것이 되어버렸습니다. 바로 이런 상황을 만든 우리 자신이 문제일까요? 사람들이 무엇을 해야 다시 미래가 활짝 열리고 그 미래가 더 이상 피할 수 없는 숙명으로 존재하지 않을 수 있을까요? 사람들이 무엇을 해야 내가 가진 것과 우리가 소유한 것과 우리가 일하여 얻은 것이 받는 위협이 존재하지 않을 수 있을까요? 우리 가운데 많은 사람들은 마치 성경이 우리에게 "모든 것이 의구하니, 안심하라"라고 말씀하는 것처럼 이해하는 위험에 점점 빠져들고 있지 않습니까? 그러나 신약은 그렇게 말씀하지 않고, 도리어 "보라, 내가 만물을 새롭게 하노라"(계 21:5)라고 말씀합니다. 그게 어려운 점입니다. 신약 속에 존재하는 미래는 결코 피할 수 없는 비운으로서 우리에게 다가오는 것이 아닙니다. 도리어 신약은 그 미래를 그리스도인들이 특별한 도덕이나 특별한 인간성이 아니라, 마귀에게 사로잡힌 이 세상이 영원히 존속하지 않으리라는 소망을 갖고 있다는 점으로 말미암아 다른 사람들과 구별될 날로 이야기합니다.

이 기이한 긴장 상태는 계속되어야 하는 동시에 바뀌어야만 합니다. 우리는 2,000년 된 한 역사를 의지하여 살아갑니다. 그 역사를 다룬 책만도 수십만 권은 될 겁니다. 수십만 권의 책만 있는 게 아니라, 수백 개의 기독교 교파가 있습니다. 그 교파들은 하나같이 "여기에 순수한 가르침이 있습니다"라고 말합니다. 바울 역시 한쪽은 게바 편을 들고 더 많은 사람들은 바울 편을 들던 시절에, 이미 그런 문제를 놓고 이야기한 적이 있습니다. 사람들이 바울파와 게바파로 나뉘어 서로 대립한다? 이게 말이나 됩니까? 30년 전만 해도, 가톨릭 신자들이 그리스도가 고난당하신 금요일에 빨래를 내걸어 개신교도들을 모욕하면, 개신교 신자들은 가톨릭 성체대회가 열리는 날에 똑같이 행하여 그 모욕을 갚아주었습니다. 우리는 그게 신앙심이라고 생각했습니다. 그러나 이제 교회는 그때처럼 나뉘어 있지 않습니다. 이제 더 이상 그런 분열은 존재하지 않습니다.

얼마 전에 저는 베트남 사람들로부터 우리가 믿는 신앙이 대체 어느 쪽이며, 그들에게 교회를 추천한다면 어떤 교회를 추천할 것인가라는 질문을 받았습니다. 그리스도인들은 사람들이 그들을 멀리하게 만듭니다. 그런가 하면 그 사람이 그리스도인임을 인식할 수 없는 경우도 자주 있습니다. 이것은 비단 도덕 때문만은 아닙니다. 그리스도인들이 그들의 생활양식으로 갖고 있는 것들은 많이 고수하려고 하면서, 젊은이들의 생활양식은 비판하기 때문만도 아닙니다. 오히려 그리스도인들로부터 소망이 나오지 않는다는 것이 그 이유입니다. 많은 사람들은 그들이 정말 이 2,000년 된 역사를 갖고 있는지 염려하며, 어떤 경우에도 믿음과 소망을 품고 살아간다는 우리가 그 2,000년 된 역사로부터, 이전에도 계셨고 지금도 계시는 그리스도 그분이 장차 다시 오실 것이라는 확언과 확약을 지워서 없애버린 것은 아닌지 염려합니다.

오늘날도 그리스도인들이 "미래는 허구가 아니며, 지금 이 세계는 종말이 아니다"라고 과연 선포할 수 있을까요? '어쩔 수 없는 숙명'이라는 말은 무신론자나 하는 말입니다!

'여러분은 만물을 영도할 통치자가 아닙니다.' 진정한 통치자는 따로 계십니다. 이 세상을 향하여 소망을 품는다는 말은 곧 이 세상이 변경으로 밀려나 있지 않음을, 이 세상이 그 스스로 아무것도 할 수 없는 상태에 빠져 있지만, 그래도 이 세상은 자기 자신을 포기하지 않고 있음을 인식하고, 고백하며, 전한다는 말입니다. 그러나 많은 사람들은 그것이야말로 진정 건강을 간구하는 기도라고 말할지 모르겠습니다. 진정 이 세상의 모습을 보이는 그대로 그려내는 사람은 날마다 무시무시한 소식들이 존재한다는 것을 알고 있기 때문입니다. 그러나 그 무시무시한 소식과 함께 좋은 소식들도 있습니다. 이 좋은 소식들은 억압받지 않습니다. 좋은 소식이란 이를테면 '우리는 1945년 이후 36년 동안 단 한 번도 전쟁이 없는 나라에 살고 있다' 와 같은 소식을 말합니다. 젊은

이들에겐 '전쟁이 없는 나라에 살고 있다' 는 사실이 당연한 일일 것입니다. 나이가 든 사람들은 이런 젊은이들에게 '우리 독일 역사에서는 전쟁이 없는 나라에서 살아간다는 것이 결코 당연한 일이 아니라는 것' 을 많이 일러주어야 할 것입니다. 우리 독일 역사를 살펴보면 이 짧은 시간 동안의 평화조차도 아주 드물었습니다.

이 좋은 소식 이외에 또 다른 소식이 있습니다. 1945년 독일이 무너진 때로부터 36년 동안, 이 세계에는 128번의 전쟁이 있었다는 것이 바로 그것입니다. 이 128번의 전쟁에서, 1차 대전과 2차 대전의 사망자를 합친 것보다 더 많은 수의 사람들이 죽었습니다. 전쟁이 있어서는 안 됩니다! 슈투트가르트 고백(Stuttgarter Bekenntnis)[06]과 다름슈타트 고백(Darmstädter Bekenntnis)[07]에 나와 있듯이, 기독교에는 전쟁도 전쟁을 준비하는 것도 허락되지 않았습니다. 그러나 우리 실상은 완전히 다릅니다. 때문에 우리가 이 세상에 미래를 말하고 우리 자신으로부터 시선을 돌려 다른 이들을 바라보는 것만으로 만족해서는 안 됩니다. 이 세상에 소망을 이야기합시다. 우리는 이 세상이 마귀에게 잡혀 있지만 그런 세상을 하나님이 사랑하신다는 것을 말해야 합니다. 그러므로 우리는 그런 하나님의 뜻을 따라 이 세상을 염려하고 이 세상을 위해 전력을 다해야 한다는 것을 말해야만 합니다. 그것이 우리가 해야 할 일입니다! 따라서 우리는 이 세상을 더 나은 곳으로 만들 수 있음을 인식하고, 우리 손과 우리 발을 되살려 뭔가를 행해야만 합니다(이 경우, 각자가 자신의 방법으로 자신이 할 수 있는 모든 것을 행하되, 모든 사람이 다른 사람들의 검사를 받도록 해야 합니다). 이것이 중요합니다.

이때 어느 누구도 "내 길이 옳으니, 모두 나를 따르시오!"라고 말할 수 없습니다. '나를 따르라' 라는 부르심은 이미 예수가 말씀하신 것입니다만, 설령 우리가 그분을 따라 그 말을 한다 해도 우리는 우리 자신을 따라야 할 사람으로 지목해서는 안 됩니다. 이 세상은 지금도 그분을 따라가지 않습니다. 도리어 내가 옳게 여기며 다른 한편으로 거기에 다다르고자 애쓰고 있는 그 길[08]은 내게 내 친구들만을 긍휼히 여기고 나와 생각이 다른 사람들은 모조리 긍휼히 여기지 말라는 명령을 내리시지 않았건만, 사람들은 이런 그분의 태도를 여전히 받아들이기 어려워합니다. 그러나 예수의 길을 따라갈 때 반대파 정치가는 적이나 마귀로 바뀌지 않고 여전히 반대파로 남아 있게 됩니다. 예수의 길을 따라갈 때, 가장 멀리 있는 사람을 사랑하는 것뿐만 아니라, 어쩌면 내 집에 살면서 또는 이웃에 살면서 내 속을 너무나 뒤집어놓을 수 있는 가장 가까운 사람을 사랑하는 것이 필요한 일이 됩니다. 가장 멀리 있는 사람을 사랑하는 것은 아주 속 편한 일일 수 있습니다. 하지만 이 세상에 소망이 있다는 사실을 삶의 동력으로 삼아 살아가는 것은 내 자신에게서 시작됩니다. 그러나 이것은 힘든 일입니다.

그렇다면 우리는 어디서부터 이 세상에 소망이 있다는 사실을 삶의 동력으로 삼아 살아가야 할까요? 저는 그것을 전부 말씀드릴 수 없습니다. 여기 이 홀에는 저와 다른 대답을 내놓으실 분들이 많이 계십니다. 그러나 우리가 재차 느껴야 할 두 가지가 있습니다. 이 세상은 소망을 갖고 있다는 것, 그리고 이 세상은 개선될 수 있다는 것이 그것입니다.

저는 노인과 젊은이가 서로 이야기하는 것이 이 세상이 소망을 갖고 있음을 보여주는 징표라고 생각합니다. 젊은이들 중에는 노인과 젊은이가 나누는 대화에서 나오는 말을 더 이상 듣지 않는 이들이 많습니다. 그들이 그런 말을 듣지 않는 이유는, 우리처럼 나이든 사람들이 잔소리만 늘어놓으려 하거나, 야단만 치려 하거나, 젊은이들의 말은 들으려 하지 않고 모르는 것도 다 아는 체하려 한다는 의심을 품고 있기 때문입니다. 그런가 하면 이미 오래전부터 젊은이들의 이데올로기에 빠져버린 이들도 있습니다. 그런 이데올로기는 나이든 사람들은 더 이상 존재하지 않는 것처럼 생각하고, 노동 능력이 없는 노인들은 성과를 중시하는 이 사회에서 이미 오래전에 '고철'이 되어버렸다고 여깁니다. 여기서 우리는 우리 사회가 진정 노인들에게 제공해준 것이 있는지 한번 물어봐야만 합니다. 우리가 노인들에게 제공한 것은 기껏해야 로마식 그릇이나 사올 수 있는 네덜란드 효도관광이나 보내드리면서 과자 몇 조각 쥐어드린 것뿐이지 않습니까? 노인과 젊은이가 다시 서로 대화를 나눈다면 이 세상은 조금이나마 더 많은 미래를 갖게 될 것입니다.

우리는 헌금을 낼 때뿐만 아니라 우리가 사는 이 세계 경제를 바꾸어갈 때에도 오로지 우리 자신의 번영과 행복만을 생각합니다. 여기서 더 분명하게 말합니다만, 우리는 결국 언젠가는 우리 자신의 번영과 행복에만 고정시켜놓은 시선을 다른 데로 돌려야 합니다. 그런 말을 하면 비통해 하고 슬퍼하는 사람들이 아주 많지만, 그래도 우리는 그렇게 해야 합니다. 아울러 우리는 이 세상에서 가난한 자와 부자 사이에 놓인 암초가 점점 더 커져가고 있다는 사실도 말하지 않을 수 없습니다. 이를 증명하는 숫자들을 보면 무시무시합니다. 전 세계 인구 가운데 4분의 1이 하루에 30페니히[09]도 안 되는 돈으로 살아가고 있습니다. 세계 인구의 55퍼센트는 1인당 국민소득이 1,000마르크도 안 되는 나라에서 살고 있습니다. 반면, 우리 독일의 1인당 국민소득은 2만 6,500마르크입니다. 상황이 이런데도, 부자는 천국에 들어가지 못할 수도 있다는 성경의 이야기를 떠올리는 사람이 없습니까? 물론 성경이 말씀하는 사랑도 필요하고 교제도 필요합니다. 하지만 우리는 단지 이미 생긴 상처를 치료하는 데 그치지 않고, 아예 상처가 생기지 않도록 하며 굶주림 때문에 몸이 붓는 사람이 생기지 않도록 해야 합니다. 이를 위해 우리는 과연 무슨 일을 하고 있습니까? 이런 일들은 우리에게 주어진 도전들입니다. 우리가 이 세상을 향하여 소망을 품고 있는가, 우리가 이 세상에서 소망을 보고 있는가는 이런 일들에 도전하는 모습에서 분명히 드러날 것입니다.

많은 젊은이들은 신앙고백서 1조, 2조, 3조로 행할 수 있는 일이 많지 않음을 압니다. 이것은 단순히 고정관념이 아니지요. 하지만 그런 그들도, 우리가 마치 우리 뒤에는 더 이상 세대가 이어지지 않을 것처럼 이 세상의 피조물들을 약탈하고 탈취하는 모습을 보면서, 대체 피조물의 형상이 무슨 의미가 있는지 우리에게 따져 묻습니다. 우리가 이 세상에 소망이 있음을 이야기할 경우, 우리는 이런 질문을 받게 되리라는 점을 이야기하지 않을 수 없습니다.

우리는 마늘 냄새를 참을 수 없다며 외국인들을 멀리합니다. 하지만 그들은 우리가 우리의 번영을 지속시키려고 이전에 여기로 불러들였던 사람들입니다. 그런데 우리는 이제 위험하게도 이렇게 말합니다. "우리는 이제 당신들이 필요하지 않소." 우리가 이 세상이 소망을 갖고 있다고 말한다면, 역시 사람들은 이 외국인들을 어떻게 대할 거냐고 물을 것입니다.

성경에는 "네가 머물고 있는 그곳을 보라"라는 말이 없습니다. 하지만 성경은 우리에게 일체의 편견이 무너질 수 있다는 소망을 갖고 있는지 묻습니다. 성경은 우리에게 서유럽 국가와 미국에 살고 있는 우리가 전 세계 에너지의 63퍼센트를 사용하고, 세계 인구의 절반에게는 단지 8퍼센트의 에너지만을 남겨주는 이 현실을 그대로 용인할 것인지 묻습니다. 성경은 우리에게 쾰른에서 종교개혁 기념일 행사가 열리는 동안에도 이 세계가 후진국 발전자금으로는 1시간당 미화 300만~400만 달러만을 원조하면서 무기를 만드는 일에는 시간당 5,100만 달러를 지출하는 현실을 그대로 받아들일 것인지 묻습니다. 아울러 성경은 우리에게 이런 세상을 정치를 통해 바꿀 준비가 되어 있는지 묻습니다!

　　이런 세상을 어떻게 바꿔나가야 할지, 그 방도를 놓고 다툼이 벌어지고 있습니다. 어느 누구도 다른 사람들을 구석으로 몰아붙이거나 구석에 가둬놓아서는 안 됩니다. 그래서 저는 이 자리에서도 제가 지난 20년 동안 지치지 않고 말해온 것을 기탄없이 이야기하고자 합니다. 자신의 양심에 따라 일체의 병역을 거부해야 한다고 믿는 사람은, 다른 사람이 자기 양심에 따라 연방군에서 복무하기로 결정한 것을 존중해야 하며, 연방군 복무를 마치 피에 굶주린 자의 행위인 것처럼 만들지 말아야 합니다.[10] 숫자가 말해주는 것은 분명합니다. 우리처럼 선진국에 살고 있는 사람들은 모두 11억 명입니다. 30억의 사람들이 개발도상국에 살고 있습니다. 앞으로 20년이 지나면, 선진국에 사는 사람은 12억이 될 것이나, 그 이외의 지역에는 50억이 살게 될 것입니다. 사람들이 이런 사실을 직시하고, 많은 점에서 이 사실을 여러분이 사는 쾰른이나 제가 있는 부퍼탈의 상황으로 받아들인다면, 우리가 그 숫자에 압도당하여 "야, 우리는 정말 아무것도 할 수 없네"라고 말하는 것은 정녕 문제도 아닙니다. 도리어 그 경우에는, 우리가 노래하는 것이 과연 그대로 이루어지고 있는지, 우리가 예배에서 듣고 함께 말한 바에 따르면 이 세상이 끝장나지 아니하였고 하나님이 이 세상을 포기하지 아니하셨으므로 우리 역시 이 세상을 포기하지 말아야 한다고 하였는데, 과연 그것이 그대로 이루어지고 있는지를 문제 삼게 될 것입니다. 그렇게 되면, 가장 가까운 신기루(Fata Morgana)를 향해 나아가는 사람들이 갖는 자기 확신과 다른 어떤 것이 소망이 있음을 알리는 표지로 자리 잡게 됩니다. 하나님은 이 세상을 사랑하시기에, 우리가 이 문제들을 회피하는 것을 허용하시지 않습니다. 이 문제들이 너무나 크기 때문입니다. 그렇기 때문에 정치가들도, 각종 단체와 노동조합에 몸담고 있는 사람들도 이 문제들을 해결하는 데 나서야 합니다. 그렇기 때문에 그리스도의 사랑을 보여주는 일들이 이루어져야만 합니다.

블룸하르트는 이렇게 말했습니다. "예수, 그분은 빈곤과 죄악과 곤궁에 용감히 맞서신 하나님이시다." 우리가 그런 빈곤과 곤궁에 맞서는 길로 나선다면 대적들은 작아지고 자기에게만 몰두하는 것도 줄어들 것입니다. 우리가 그 길에 나선다면, 우리가 우리 자신을 어떻게 느끼는가, 우리가 직장에서 얼마만큼 성공을 거두고 있는가는 더 이상 문제되지 않을 것입니다. 여러분에게 확실히 약속된 소망은 이 세상이 종말을 향하여 나아가지 않고, 여러분과 우리 삶에 어떤 궁극적 목적이 있음을 이야기합니다. 만일 우리가 그런 빈곤과 곤궁에 맞서는 길로 나선다면, 이 세상은 여러분에게 확실히 약속된 그 소망보다 더 큰 어떤 것을 갖게 될 것입니다.

종교개혁은 이 모든 것을 분명하게 보여준다 하겠습니다. 우리보다 앞서 자신의 길을 걸어갔던 많은 사람들의 이야기는 이 모든 것을 분명하게 보여준다 하겠습니다. 교회사는 온통 오류투성이였던 많은 사람들이 걸어온 길의 역사입니다. 언젠가는 우리의 오류도 이야기될 날이 있을 것입니다. 그러나 우리의 오류가 이야기될 날이 이르게 되면, 사람들은 우리가 우리의 교리적 입장들을 올바로 수호하였는가를 묻지 않을 것입니다. 우리가 그 어떤 상황에서도 우리 고유의 종교 음악을 지켜냈는가를 묻지 않을 것입니다. 도리어 사람들은 우리에게 이런 질문을 던지고 그 답을 들으려 할 것입니다. "우리가 이 세상에 소망이 있다는 표지를 심어주었는가?" "'보라, 내가 만물을 새롭게 하노라' 라는 말씀은 모든 숙명론에 종지부를 찍는 것임을 분명하게 제시하였는가?" 우리는 (이 세상을 온통 그리스도를 믿는 곳으로 만들려 하기보다) 매일매일 우리가 사는 이 세상이 조금이나마 더 인간다운 곳이 되어가도록 이 세상을 바꿔갈 준비를 해야 할 것입니다. 조금이나마 더 인간다운 세상이 되어갈 때에, 우리는 비로소 그 어떤 형상에도 비유할 수 없는 그분을 분명히 보게 될 것입니다.

01. 1517년 10월 31일, 당시까지 아우구스티누스 수도회 소속의 이름 없는 수도사였던 마르틴 루터가 라틴어로 된 95개조 반박문을 이 교회에서 공표한 일을 말한다. 슐로스 교회는 비텐베르크에 있으며, 지금은 유네스코 세계문화유산으로 지정되어 있다.

02. 1878년에 태어나 1980년에 세상을 떠난 독일 시인 헤르만 클라우디우스가 1915년에 쓴 시. 원제는 '우리가 다 함께 나란히 걸어가면(Wann wir schreiten Seit' an Seit')'인데, 미하엘 엥레르트가 1916년에 이 시로 곡을 만들었다. 시의 1연은 "우리가 다 함께 나란히 걸어가고 옛 노래를 부르며 그 노래가 숲에서 메아리친다면, 우리는 틀림없이 성공했다고 느낄 거야. 우리와 함께 새 시대로 나아가자!"라고 번역할 수 있겠다. 1916년부터 독일 노동자들의 노동 운동을 상징하는 노래 역할을 했으며, 2차 대전 이후에는 부조리와 불의가 없는 세상을 만들어가려는 정치 운동을 상징하는 노래가 되었다.

03. 1870년에 프랑스 동부 세당에서 프로이센군이 프랑스군을 격파한 전투다. 이 전투에서 패배한 프랑스는 결국 알자스 지방을 프로이센에게 넘겨주었고, 프로이센은 독일 통일의 주역이 되어 이듬해 독일제국을 건설하였다. 독일은 제국 황제인 빌헬름 1세 즉위식을 프랑스 베르사유 궁전에서 거행하여 보나파르트 나폴레옹에게 당한 치욕을 되갚았다.

04. 독일에서는 독일 개신교회와 독일 가톨릭교회가 격년제로 번갈아가며 교회대회를 연다. 독일 개신교회는 2007년 6월 6일부터 10일까지 쾰른에서 교회대회를 열었으며, 독일 가톨릭교회는 2008년 5월 21일부터 25일까지 오스나브뤼크에서 교회대회를 연다. 교회 일치 차원에서 공동 교회대회를 2003년에 처음으로 베를린에서 개최하였던 이 두 교회는 2010년 5월 12일부터 16일까지 제2차 공동 교회대회를 쾰른에서 열기로 합의하였다.

05. 독일 튀링엔에 있는 성으로서 유네스코 세계문화유산으로 지정되어 있다. 루터
는 1521년부터 1522년까지 이 성에 은거하면서 11주 만에 희랍어 신약성경을
독일어로 번역하였다.

06. 1945년 10월 19일, 독일 개신교회와 독일 가톨릭교회가 공동으로 나치에 협력
했던 독일 교회의 죄과를 참회하고 고백한 선언문이다. 이 선언문에는 10명의
대표가 참여하였는데, 그중에는 오히려 복음의 순수성과 참된 신앙을 지키려고
나치에게 저항했던 마르틴 니묄러 목사, 한스 아스무센 목사, 구스타프 하이네만
박사가 들어 있었다.

07. 1947년 8월 8일, 나치에 협력했던 독일 교회의 잘못을 참회하고 용서를 구할 목
적으로 독일 교회가 발표한 선언문이다. 선언 주체는 2차 대전 이후에도 존속한
독일 고백교회의 지도 기구였던 독일 복음교회 형제회였다.

08. 예수 그리스도를 가리킨다. 「요한복음」 14장 6절을 보라.

09. 독일은 1999년 1월 1일부터 유럽 통합 화폐인 '유로'를 썼다. 그 이전에는 '마르
크'를 화폐 단위로 사용하였는데, 1마르크가 100페니히였다. 한화(韓貨) 가치가
두 배 이상 폭락했던 1997년 IMF 사태 직전에는 1마르크가 500원 정도였다.

10. 우리의 헌법에 해당하는 독일연방공화국 기본법은 자기 양심에 따라 병역을 거
부할 권리를 인정한다. 독일은 현재 징병제를 택하고 있으나, 복무기간은 9개월
이다.

무미건조하고 의심을 자아내는 나날을
어떻게 이겨낼 것인가

2005년 하노버에서 열린 교회대회에서 한 성경 강론

이스라엘아 들으라. 우리 하나님 여호와는 오직 유일한 여호와이시니 너는 마음을 다하고 뜻을 다하고 힘을 다하여 네 하나님 여호와를 사랑하라. 오늘 내가 네게 명하는 이 말씀을 너는 마음에 새기고 네 자녀에게 부지런히 가르치며 집에 앉았을 때에든지 길을 갈 때에든지 누워 있을 때에든지 일어날 때에든지 이 말씀을 강론할 것이며 …… 후일에 네 아들이 네게 묻기를 우리 하나님 여호와께서 명령하신 증거와 규례와 법도가 무슨 뜻이냐 하거든, 너는 네 아들에게 이르기를, 우리가 옛적에 애굽에서 바로의 종이 되었더니 여호와께서 권능의 손으로 우리를 애굽에서 인도하여 내셨나니, 곧 여호와께서 우리의 목전에서 크고 두려운 이적과 기사를 애굽과 바로와 그의 온 집에 베푸시고, 우리 조상들에게 맹세하신 땅을 우리에게 주어 들어가게 하시려고 우리를 거기서 인도하여 내시고 여호와께서 우리에게 이 모든 규례를 지키라 명령하셨으니, 이는 우리가 우리 하나님 여호와를 경외하여 항상 복을 누리게 하기 위하심이며, 또 여호와께서 우리를 오늘과 같이 살게 하려 하심이라.

(신명기 6:4-7, 20-24)

2차 대전 이후의 실천 신학을 형성하는 데 그 누구보다도 큰 영향을 끼쳤던 개신교 신학자 에른스트 랑어[01]는 1958년에 이런 글을 남겼습니다.

"사람이 어른이 되어 무엇보다도 자녀를 갖게 되면, 이 본문을 은밀한 고통을 겪지 않고 읽기란 불가능해집니다. 이 본문에서 말씀하는 부모와 자녀의 대화처럼, 믿음을 주제로 한 부모와 자녀의 대화는 오늘날 거의 없기 때문입니다. 우리 자녀들은 이 본문의 자녀와 같은 질문을 더 이상 하지 않습니다. 우리 자녀들은, 설령 그런 질문을 하는 경우에도, 우리 믿음의 근거에 똑같이 의문을 제기합니다. 사람들은 자신이 세례 받을 때 약속했던 것을 이행하고, 자녀들을 기독교 신앙으로 양육하고자 성실히 노력했다고 자부할지 모르겠습니다. 하지만 사람들 말은 다릅니다. 근대 세계가 끼친 영향들은 기독교 신앙으로 행하는 양육이 맥을 못 추게 만들었습니다. 교회의 가르침 역시 아주 불충분합니다. 가정이 심각한 위기에 빠졌다는 사실 역시 그대로 받아들여야 할 처지입니다. 그러나 사람들은 부모와 자녀 사이에 믿음을 주제로 한 대화가 중단된 사실, 이 놀라운 믿음의 확인(Konfirmation)[02]이 이제는 더 이상 존재하지 않는다는 사실을 이 세상에서 더 서글픈 일로 여기지 않습니다. 비록 그런 믿음의 확인이 이제는 엉망이 되어버렸지만, 그래도 그렇게 믿음을 확인하는 기회에 아들은 아버지에게 아버지가 믿는 바가 무엇인지 묻고, 아버지는 그 기회를 통하여 자신이 믿는 하나님께 아주 은밀히 그 믿음을 고백하는데, 이제는 그런 기회가 없어져버린 것입니다."

오늘 저는 색다른 체험을 합니다(이런 기회를 주신 하나님께 감사드립니다). 제 아이들과 대화를 나누고 많은 젊은이들과 대화를 나누게 된 것입니다. 젊은이들 사이에서는 나이 든 어른들이 체험한 것들, 이 어른들의 소망, 삶의 방식, 이 어른들이 확신하는 것들과 믿는 것들에 대한 관심이 커져가고 있습니다. 이렇게 젊은이들과 대화를 나누는 것이 제게는 늘 복된 경험입니다.

제가 무미건조하고 수없이 의심을 불러일으키던 삶의 나날들을 어떻게 이겨냈는지, 제가 인생에서 어떤 놀라운 경험과 체험을 하였고 지금은 어떤 놀라운 경험과 체험을 하고 있는지 제 자녀들이 제게 물으면, 저는 그들에게 대답할 책임이 있습니다.

제 자녀들이 우리 세대가 그들에게 전해줄 수 있는 것이 무엇인지 물을 때, 저는 그 대답을 찾았습니다. 사람들이 우리 세대가 그들에게 과연 무엇을 전해줄 것이냐고 물으면, 저는 이렇게 대답합니다.

"당신의 자녀들에게 일러주시오. 당신이 살아 있는 것은 하나님이 살아 계시기 때문이라는 것을.

당신의 자녀들에게 일러주시오. 당신의 담대함은 하나님을 신뢰하기 때문이라는 것을.

당신의 자녀들에게 일러주시오. 당신의 의심은 창조주의 임재 속에 감춰져버렸다는 것을.

당신의 자녀들에게 일러주시오. 우리가 우리 어머니와 우리 아버지의 어깨 위에 서 있다는 것을.

당신의 자녀들에게 일러주시오. 우리 역사와 우리 전통을 알지 못하면 인류의 미래도 세워질 수 없다는 것을.

당신의 자녀들에게 일러주시오. 우리가 돌아갈 고향이 없으면, 그 어떤 여행도 이뤄질 수 없다는 것을. 그것은 곧 그 어디에도 집이 없는 사람은 그 어떤 이웃도 가질 수 없기 때문이라는 것을.

당신의 자녀들에게 마지막으로 일러주시오. 만물이 새롭게 될 그때를 늘 준비하는 것이야말로, 여기에 있는 삶과 저기에 있는 삶 사이에 존재하는 우리의 실존을 진정으로 진지하게 받아들이는 유일한 방식이라는 것을."

01. 1927년에 태어나 1974년에 세상을 떠난 독일의 신학자이자, 교회개혁가.

02. 'Konfirmation'에는 '견신례'(가톨릭교회에서는 '견진성사')라는 뜻도 있다. 견신례는 세례 받은 신자에게 안수하면서, 그가 더욱더 견실한 신앙을 갖고 성령의 은사를 풍부하게 받는 신자가 되기를 기원하는 의식이다. 종교개혁자들은 이 견신례를 대체로 인정하지 않았으나, 루터파 교회에서는 이를 실시하였다. 여기서는 부모와 자녀가 믿음을 주제로 한 대화를 통해 피차 믿음을 굳건히 세워간다는 점에 유념하여 '믿음의 확인'이라고 번역하였다.

1931 1월 16일에 부퍼탈-바르멘에서 태어나다.

1931-1967 서적상에서 일하고 출판사를 경영하다.

1952 독일국민당(Gesamtdeutsche Volkspartei)에 들어가다.

1957 독일국민당을 나와 사회민주당(SPD)에 들어가다.

1958-1999 노르트라인-베스트팔렌 란트 의회 의원.

1964-1978 부퍼탈 시의회 의원.

1969-1970 부퍼탈 시장.

1965-1999 라인란트 개신교회 평의회 의원, 교회 지도위원회 위원

대행.

1970-1978 노르트라인-베스트팔렌 학문 및 연구 담당 장관.

1977-1998 노르트라인-베스트팔렌 사회민주당 란트 지구당 의장.

1978-1999 사회민주당 의장단의 일원이 되다.

1978-1998 노르트라인-베스트팔렌 총리.

1982 구스타프 하이네만의 외손녀인 크리스티나와 결혼.

1982-1999 사회민주당 의장 대행.

1987 사회민주당이 연방 총리 후보로 추대하다.

1994 처음으로 연방 대통령 선거에 출마하다.

1999-2004 독일연방공화국 대통령.

2000 독일 대통령으로는 처음으로 이스라엘 국회에서 독일인이 유대
인에게 저지른 죄악을 참회.

2002 서울대에서 명예 철학박사 학위 수여.

2004 독일 개신교회로부터 칼 바르트 상 수상.

2006 1월 27일 베를린에서 서거하다.

어쩔 수 없는 숙명이라는 말은 무신론자나 하는 말입니다
요하네스 라우가 들려주는 그리스도인의 소명

초판 인쇄 | 2008년 9월 25일
초판 발행 | 2008년 10월 5일

지은이 | 요하네스 라우
옮긴이 | 박규태
펴낸이 | 심만수
펴낸곳 | (주)살림출판사
출판등록 | 1989년 11월 1일 제9-210호

주소 | 413-756 경기도 파주시 교하읍 문발리 파주출판도시 522-2
전화 | 031)955-1350   기획·편집 | 031)955-4675
팩스 | 031)955-1355
이메일 | book@sallimbooks.com
홈페이지 | http://www.sallimbooks.com

ISBN 978-89-522-1015-9 03230

* 잘못된 책은 구입하신 서점에서 바꾸어 드립니다.

책임편집·교정 : 강영특

값 10,000원